文學叢刊

謝秀文著

何處覓桃源

文史哲出版社印行

國家圖書館出版品預行編目資料

何處覓桃源 / 謝秀文著. -- 初版. -- 臺北市：
文史哲, 民 99.02
頁； 公分. --（文學叢刊；230）
ISBN 978-957-549-883-2 (平裝)

855 99002103

文 學 叢 刊 230

何 處 覓 桃 源

著 者：謝 秀 文
出 版 者：文 史 哲 出 版 社
http://www.lapen.com.tw
登記證字號：行政院新聞局版臺業字五三三七號
發 行 人：彭 正 雄
發 行 所：文 史 哲 出 版 社
印 刷 者：文 史 哲 出 版 社
臺北市羅斯福路一段七十二巷四號
郵政劃撥帳號：一六一八○一七五
電話 886-2-23511028 · 傳真 886-2-23965656

實價新臺幣三二○元

中華民國九十九年（2010）二月初版

ISBN 978-957-549-883-2 08230

無愁（漂泊異鄉六十一載感懷）

世事一場大夢，
人生幾度新涼。
客舍似家，家似寄。
何處望神州？
白髮空垂三千丈！

謝秀文
楊大榮 於休士頓客舍
二〇〇九年九月九日

何處覓「桃源」 2

張序

「何處覓桃源散文集」讀後感

張煥卿

秀文和我是同窗也是好友。我們自員林實驗中學畢業後、他即按喜愛文學的性向，唸了成大中文系；我則受歷史老師們的鼓勵，讀了政大邊政系。嗣因國土未復，我未能成爲老師們期望的邊疆大吏；秀文卻按步就班成爲享譽中外的文學家。

前年，我拜讀了他學術著作之外的文學著作【寒雁集】，享受了一頓心靈大餐，尙覺餘味未窮之際，去夏又收到他已發表的數十篇散文，並囑我爲他這即將出版的散文集寫序。我說，序言要請有名氣的人寫才夠份量，我不具備這個條件，不敢膺命。他卻說他要的是交情不是名氣。我感謝他給我再次的心靈饗宴，也感念他誠懇的知遇之情，只好黽勉以從，惟謂之「序」言仍感不妥，姑稱之爲「讀後感」吧。

韓文公認爲，職司老師者，應賦有傳道、授業、解惑三種任務。個人認爲，授業與解惑實爲一回事，功能不容分開。因之，三事可歸納爲「爲學」與「做人」二事。就這方面來說，秀文都是韓文公心目中的好老師。

爲學方面；秀文在中文系打下根底之後，又在國學泰斗屈萬里先生的傳授下，不僅成爲當代「春秋三傳」的專家，就從這本散文集裡，已可領略到他兼通孔孟、老莊、文字、聲韻等學術，以及新舊詩詞廣大文學領域。我尊他爲文學大師，當不爲過。不久之前，秀文應美國一個社團邀請，講述華人姓氏這個趣味性不高的問題，不料在美華人居然不遠千里，聞風而至，把個講堂擠得水洩不通。此有媒體詳細報導，絕非溢美之詞。

就「做人」而言，秀文稟性善良，加上流亡生活的磨鍊，遂養成他開朗、隨和、圓潤而正直的人格特質。軍事學校有其特殊的文化環境，一般文學校出身者不易側身其間，可是爲同儕所喜而又爲長官所賞識的秀文，在陸軍官校一教便是三十多年，由講師、副教授到正教授，並受命担任文史系主任多年。陸官是培植陸軍指揮官的養成教育機關，自以軍事科目爲主，一般學術科目包括文史、哲學、政經等爲副。因此担任一般科目之教師，只要稍加準備即可應付裕如，不需要焚油繼晷的孜孜鑽研。可是秀文卻與眾不同，他比許多文學校的老師更加用功。他在學術上的造詣，都是在官校三十幾年的歲月中累積而成。

老師們退休後的生活安排，總是依照個人性向、健康狀況、經濟環境等因素來決定，務期有一個身心平衡的晚年。秀文年輕時身體並不十分好，但在夫人楊大榮女士的悉心調養下，他自稱健康狀況遠勝往昔，加以經濟不差，於是選擇以遊歷與寫作爲退休生活的主軸。我認爲這是一種高標準的選擇，因爲孔老夫子雖周遊列國，惟述而不作；我們的謝夫子周遊世界，卻以所見所聞爲素材，寫成箴世文學大著，更附帶的成爲攝影專家。

萬事萬物有「自在」與「存在」之分。萬物不與人發生關係，是它們的自在狀態；一旦與人發生關係，包括被人觀看、碰觸、移動、製造、改良、使用等等，它們就變成「存在」了。同時，人類也有上智與下愚之別。一個讀書不多的鄉巴佬，雖然暢遊五湖四海，飽覽勝景無數，但這些湖光山色對他來說，只不過是浮光掠影，那些山光水色似乎仍然停留在它們的「自在」狀態；秀文是一個飽讀詩書、思慮敏銳、觀察細膩的學者，那三大洋五大洲的名勝古蹟，風土人情，透過他的眼簾和鏡頭，經過腦力的激盪，於是從他的筆尖流出令我們頷首稱羨或會心莞爾的好文章。萬物的「存在」對他來說，真是顯得繽紛燦爛和價值無限了。

再者，韓文公之所以「文起八代之衰」，就是摒棄魏晉南北朝以來，用美豔的辭藻來頌揚風花雪月那種腐蝕人心的作品，因而主張用平實的語言表達有益於世道人心的文章，所謂「文以載道」正是一個知識份子應有的天職。秀文的作品，從不作辭藻上的粉飾，都是用平順的語句，來表述或謳歌真善美的事跡。對老一代會提供健康的精神糧食，對下一代也將樹立合堪足式的典範。這應該是他這本書的價值所在吧。

尤有進者，秀文國學根底好，不管評人述事或論古道今，不經意的便把詩詞佳句隨手拈來，卻又與所述事物絲絲入扣，從無牽強扞格之感。讀了此書，頗令人有「不讀唐詩三百首，不會吟誦也會吟。」之感。

○九年八月八日於台北

自序

「何處覓『桃源』」散文集，實爲拙著「寒雁集」的續篇。「寒雁集」於零四年五月「昶景文化事業有限公司」出版。是筆者零四年之前，系統學術研究專書出版之外的一些讀書心得、書畫題序、專題演講、文藝創作等文字的自選集。其中由於文藝性、學術性等兼而有之，難免有冗雜之感。而本集所選收的三十七篇文字，則純屬自零四年五月迄今已發表於「美南週刊」之語體散文、或散文詩。在內容上大致全爲蟄居海外的感慨之作。爲便於讀者朋友參閱，大致分爲五個篇組；一至十篇係對人生苦、樂、酸、甜之感慨與了悟。姑名之爲「感悟」篇。十一至十六篇係對伴隨人生「生離死別」之「愁」、之「痛」，尤其是對生命「修短隨化，終期於盡」（王羲之語）之無奈有所感慨。李白在他的【將進酒】裡曾說：「五花馬，千金裘，呼兒將出換美酒，與爾同銷萬古愁」正是他對人生苦短的哀鳴。因此，這六篇姑且名之爲「萬古愁」篇。十七至二十三篇係分別透過實際生活、旅遊、攝影展，對花花「大千世界」的親近、對話。於親近、對話中也多所感慨。因此這七篇姑且名之爲「大千世界」篇。二十四至三十二篇係近年來筆者客居海外，對故國鄉思之作。由於唐賀知章的【回鄉偶書】詩中說：「少小離家老大回，鄉音無改——」千百年來一直是「少小離家」人的心聲寫照。因此，這九篇姑且名之爲「千年『鄉愁』」篇。至於三十三、三十四、三十五、三十六、四篇，是對今日漢字以及今日舊體詩作中的「聲」「韻」問題、人生價值觀問題，於感慨之餘尚有所建言。第三十七篇是從「年」「臘」「祭」等漢字的創製意涵淺談我國傳統「年俗」。因此這五篇雖略具學術性，而仍以「附篇」附於文末。再者，倦首【無愁】小詩，乃集前賢「詞」句（世事一場大夢，人生幾度新涼。見蘇軾【西江月】。客舍似家，家似寄。見劉克莊【玉樓春】。何處望神州？見辛棄疾【南鄉子】。白髮空垂三千丈！見辛棄疾【賀新郎】）而成。一併就教於時賢。

感謝中學時代患難老友前國立政治大學東亞研究所長張煥卿教授題序。

謝秀文序於休士頓

○九年九月九日

何處覓「桃源」目錄

感悟篇

「萬古愁」篇

「大千世界」篇

千年「鄉愁」篇

附篇

感悟篇

何處覓桃源

壹、奇文惹禍

湖南桃源[淵明園]門及門聯

自從東晉大文學家陶淵明先生，寫了一篇妙文「桃花源記」之後，歷代騷人墨客，尋訪桃花源的，就絡繹不絕。因此人爲加工加料的桃花源，就應運而出。如今日中國大陸以桃源爲號召的旅遊景點，特別突出的至少有三處。一是江西九江的星子桃花源。該處有清溪自廬山蜿蜒而出，兩岸叢巒疊翠、泉鳴幽壑、路轉峰回、豁然開朗，頗有桃花源記中所描寫之勝景輪廓。而淵明又是柴桑人，柴桑即現屬江西九江，因而此處相傳爲淵明寫「桃花源記」之所本。康王谷、谷簾泉等名勝留有王維、歐陽修、蘇軾、黃庭堅、朱熹等人詩文。因此，世人咸認此地就是淵明心中的桃花源。二是湖南常德桃花源。「桃花源記」謂捕魚人爲「武陵人」，武陵就是現在洞庭湖畔的常德。常德桃花源千年來有王維、孟浩然、李白、韓愈、蘇東坡、陸游諸人遊蹤。那兒的桃花山、秦人村，與淵明筆下的「桃源」更爲貼近。去年（零三年）三月間我與內人來此旅遊，導遊從山下滿是含苞待放桃花叢林的一條小河介紹起，她說：「這就是當年漁人撐船所走過的小溪，也許因爲年代太久了，小溪變得不太像溪。」說到這兒，有同伴立即接腔道：「到像一條乾涸的小排水溝了。」我們順溪上行，林盡水源，果得一山。再沿山路上爬十餘公尺，真的看到「山有小口，髣髴若有光。」我們魚貫入洞，初亦極狹，行數十步，豁然開朗。展現在面前的，土地雖不太「平曠」，屋舍還算「儼然」。洞口塑立漁人向秦人長者問道像一組，漁人拱手施禮，長者笑容可掬，畫面生動。再放眼遠望，良田、美池、桑竹之屬，雖然都有，但因地勢挾隘，不太像「阡陌交通、雞犬相聞」的開闊場面。不過，不管怎麼說這兒環境清幽，極盡林壑之美勝，確有一些淵明「桃花源」的影子。三是桂林「桃花源」。這是一處水上桃花源。來到景點，首先看到橢圓形巨石一塊，上題「世外桃源」。前行數十步，面對一湖春水，如果不是桂林特有的遠山場景，真叫我誤以為置身於杭州西子湖畔。於是上遊船，訪「桃源」，船行不久有小山迎面而來，及近，恰亦有如陶文所謂「山有小口，髣髴若有光。」，於是，船家將船身擺正，緩步入洞。洞身狹窄，可一船行，數分鐘後，豁然開朗，兩岸滿是盛開的桃花林。好像真的又到了淵明先生的水上「桃花源」了。再者，台灣也有一個桃源谷。位於台北縣貢寮鄉境內，那兒是大自然的傑作，空氣清新、風景優美，爲台灣東北部的旅遊勝地。

以上各景區都強調「桃源」尤其是江西、湖南兩處，更是以正宗淵明「桃花源」自命。但究竟何者才是「桃花源記」中的桃花源呢？總不能全都是吧，此一問題，湖南桃源「淵明園」門上的那副聯語的前半聯，已經給了我們答案。前半聯說：「世外覓桃源都是奇文惹禍」。妙哉！真是一語道破，所謂世外桃源，不過是淵明先生心目中，可以避暴秦戰亂、避人事紛擾，可以安身立命的理想福地而已。不然淵明先生也不會在文末來上一個「南陽劉子驥——欲往，未果。——後遂無問津者。」的迷陣了。不過「惹禍」二字似嫌嚴重了些。淵明先生爲苦難的人類指引一個夢中的人間仙境，它的名字就叫「桃源」，也未嘗不是一件美事。

貳、何處覓桃源

前文所述的幾處「桃源」風景區，雖然全是假淵明奇文而打造的觀光景點，但這些景點，在既有陶文爲依據，又有美不勝收的奇景爲實質內涵，確實值得地球村的村民們前往觀賞。不過，淵明先生當初撰此奇文的著眼點，並不在爲後世塑造觀光景點，而是吐露他內心對戰亂、對現實社會的無奈。淵明先生的人生理想很高，他會「不爲五斗米折腰向鄉里小兒」而辭官歸隱田園，甘於「日出而作，日入而息」的生活。「戴月荷鋤歸」對他來說，比打完一場順心的高爾夫球還快樂。「採菊東籬下，悠然見南山」是他精神享受的至高境界。因此，「桃花源」也是他理想生活境界的另一表現方式。其實，這種尋覓可以安身立命之人間仙境的思想，在淵明先生之前、之後，甚至今日從未讀過淵明先生此文的中外人士都有。也就是說，只要是人，不管他們是古人、現代人，誰不想找一個既可以安身立命，更能不受滾滾紅塵紛紛擾擾的淨土「桃源」呢？寫到這兒，不禁讓我想起前些年在地球村旅遊所見的一些難忘景象。一是仟禧年我和內人參加自美國邁阿密出發的「南歐、北非旅行團」。當我們自西班牙可爾吉拉斯省乘渡輪赴摩洛哥坦吉爾，上下渡輪、過關、驗證，輕鬆愉快。但自摩洛哥回西班牙，下渡輪入南歐西班牙過關、驗證時，等候受檢的，人山人海。有人肩扛手提大小行囊，更有人拖家帶眷，擠來擠去。好像上天又給了我們重溫當年那段逃難歲月的辛酸場景。奈何！二是九九年隨洛杉磯華裔旅行團，經聖地牙哥至墨西哥觀光。去時出美國境、入墨國境，省事省時，但回程時，距離美國邊界至少尚有數公里之遙，各類車輛即大排長龍。導遊先生連忙宣布：「請各位備妥護照，或有關證件，準備入美驗證。」又小聲說：「因爲這一帶有偷渡問題，所以驗證詳細，頗爲費時，請大家耐心等待。」果如其然，自車排長龍，至驗證過關，整整花了我們一個多小時。在這段車子三步一停、兩步一等的時間裡，我們算是開了眼界，舉目向車龍兩邊遙望，高高的鐵絲網像萬里長城似的向左右天際伸展，令人嘆爲觀止。然而，我也曾進出美加邊界多次，卻從未見過這樣大格局、大陣仗的場面。爲什麼？正沉思間，被敲車窗聲、叫賣聲驚醒，只見車外群群當地老弱婦孺，有的還將幼兒安置在路邊樹下的臨時陣地裡，衣衫襤褸、匆匆忙忙、高高舉起各式各樣銀器，沿車叫賣，雖然價碼便宜，但買的人不多。面對此景，使我來此觀光的熱誠和快感一下子降到谷底。又奈何！當然，這是多年前所見，但願今日不是如此。

以上所述的兩處景象，在告訴我們甚麼？是否在告訴我們，這地球村兩位老「哥」的子民，不少人想尋覓一個他們自己認爲更可以安身立命的「世外桃源」呢？

參、家園、桃源

說起來地球村的這兩位老「哥」，其實都有充沛的海洋資源、觀光資源，尤其墨西哥更是聞名世界的產銀國，似乎不該如此潦倒落魄。但實際如此，這是爲了甚麼？要找出這個問題的答案，那就要看看前文我們曾提到的湖南桃源「淵明園」門聯。上聯是「世外覓桃源都是奇文惹禍」。而下聯則是「人間有仙境全憑雙手創來。」美哉！筆者管見以爲這副下聯，不但可以概略回答兩位老「哥」的問題，更可作地球村民，人生目標的思想總指導。因爲富人家的大花園雖美，但你總不能趁夜深人靜時翻牆爬過去，就算能爬過去，在你的內心能得到欣賞美景的高度快樂嗎？再說，爬過去的人多了，有一天，美麗的大花園也會變成垃圾堆的。當然，最好的辦法，就是如何運用自己的雙手，透過智慧和努力，在自己家裡，建個自己喜愛的、更大、更美的花園。再進而將家園變「桃源」方是正途。說來地球村不僅這兩位老「哥」

的子民有人想遠別家園，尋覓一個可以安身立命的「世外桃源」於遙遠而不可預知的他鄉。就連亞裔若干年前，也曾大批偷渡美、加、歐洲各地。其中不乏炎黃子孫。更有一次五、六十人悶死於赴歐船艙中。殊爲可嘆！爲覓一不可知的新天地，所付出的代價也未免太大了。所幸近年來此景已不復見。這當然是亞裔子民，尤其是炎黃兒孫的雙手，已經向家園變「桃源」的大工程方向動起來有關。堪可告慰。不過能否有一天，家園即「桃源」，從此不再讓那麼多華裔，尤其是年邁長者辛辛苦苦學外語、異地考公民。甚至更進而讓地球村的各地村民，都爭先恐後的來神州大地的海峽兩岸「考」公民，尋覓他們心中的樂土「桃源」。那就看我十多億炎黃兒孫的雙手了。

○五年六月六日於休士頓（見六月十九日「美南週刊」）

桂林「世外桃源」(作者與夫人)

老人的吶喊

序言

筆者曾住美國北部紐罕布什（new hampshire）州多年。第一次見到這位昂首於該州北部山上的「山上老人」（the old man of the mountain 或稱 the great stone face、the profile、the old man。），是十年前暑假的加拿大魁北克之旅。「老人」的山下正是自波士頓往魁北克的主要通道，我們到此停車，傾聽導遊對「山上老人」的介紹後，下車瞻仰這位真正永遠不下山的山上老人風采。面對這位「老人」，他既使我震驚，震驚這一堆懸在山岩崖際間的石頭，居然組成了一張酷似老人面貌的頭臉，不能不令我感嘆大自然的鬼斧神工；也讓我欽敬，欽敬世間也只有這樣一位「山人」，幾千年、也許是幾萬年以來，佇立在此，餐風飲露，超然於塵世的恩怨情仇、榮辱生死之外。此後筆者常與家人、朋友往訪。近年來我們舉家遷休士

紀念紐罕布什州（New Hampshire）山上老人。

頓，違別「老人」已久。近日忽聞「山上老人」於零三年五月三日，被人發現面部岩塊崩塌，「老人」從此仙逝（註一）。這突來的噩耗，不禁令我悵然良久。是夜，恍惚間，「老人」翩然駕臨，看來他神采肅穆而悲愴，似乎對我讚賞他「超然於塵世的情仇、生死之外」，頗有微辭。也許因爲他雖然活了幾千幾萬年，但終究還是難逃一「死」吧！對於世事他好像也有強烈的憤慨。筆者感嘆之餘，乃寫「老人的吶喊」於下：

老人的吶喊

我老嗎
我真的非常非常老
世人見到我總是驚叫
「the old man！」
「old man's face！」
讓我心中萬分懊惱
這也難怪
　人類的歷史太短
見不到我少年帥哥時的容貌

＊　＊　＊

我的生命原自太初
我的形體孕於大地
至於我是何時脫離母體
在這北美山上傲然佇立
　已不復記憶
有人說我生於
　兩千到壹萬年的後冰河時期
那也只是他們自己的估計
記得當我伸出頭、睜開眼
　極目遙望
茫茫海天、無邊無際
蒼蒼山巒、無聲無息
環視四周
雖然偶有動物形跡

卻無人形、人語、人氣
讓我這人模人樣的異類
萬般無聊、孤寂
不知不覺昏昏睡去
夢中宇宙似已靜止
歲月了無意義
花開花落、春去秋來
　冰河身邊流過不知凡幾

*　*　*

幾千年前
我偶然被幾聲春雷驚醒
風雨過後的山野
群獸奔馳、禽鳥爭鳴
山明水秀、柳綠花紅
靈性超眾的人類

日出而作、日入而息
　歡聲笑語、安祥和平
花花世界令人陶醉
讓我覺得不枉此生
不過這種愉悅的感受太短暫
此後原野上、山林中
不時傳來動物弱肉強食的哀號
不時展現人與獸、或人與人
相互殺戮的場景
為什麼動物為了自己的生存
　卻要毀掉異己的生命
這是物競天擇的自然法則嗎
　我永遠不懂
尤其是地球上越來越多的人類
面貌雖然與我雷同

但卻不像我的作風
我自從來到世上、活在山上
　與人無爭、與世無爭
當然世人需要衣食住行
不過溫飽之餘「人」的貪婪無止境
貪財、貪權、貪享受、貪高名
獸殺異己果腹而已
人的攻伐與此大相徑庭
當年棍棒石頭相向的時代
毀人家、滅人族
死人幾十幾百已夠慘痛
後來刀槍劍戟出籠
無論地球上的那一洲那一區
總是一再上演
亡族滅國、掠地屠城

改朝換代、豪強爭雄
那一次不是幾千幾萬人毀家喪生
及至一次、二次世界大戰
　槍炮聲、戰機聲、原子彈聲
　聲聲造成橫屍遍野血流成河
聲聲使我身心顫抖震耳欲聾
可憐我一向以生而為「人」為榮
但卻聽不完人類的殺聲震天
　看不盡人間的血雨腥風
中國有人曾說
　「春秋無義戰」
實際上幾千年來我親眼目睹
　那次戰爭是有「義」有情
　那次戰爭不是野心者
損人害己的權欲衝動造成

我好悔恨、我好心痛
　上蒼何以將我化而為人形

＊　＊　＊

亞洲有人說過
　與天鬥其樂無窮
　與人鬥其樂無窮
人的拿手絕活似乎就是鬥人鬥天
鬥人掠財之外更要奪權
鬥天全為開發生活資源
本來開發資源應無罪無惡
而人類的「欲海」難填
「人」利用天賦的高智慧
鬥人之外永無止息地
　開發自然、利用自然
生活享受力超帝王

航天渡海氣死神仙
紐約巴黎朝發夕至
月球往返太空飛船
如今臭氧破洞漸漸擴大
地球氣溫處處升攀
綠地萎縮河海汙染
南北冰山溶化幾盡
生態破壞已踏紅線（註二）
這不僅威脅到血肉之軀的人類
也叫我這石頭「山人」心驚膽寒
就算幅射高溫不能立刻風化掉我
然而頭上日日有飛機呼嘯而過
腳下時時有汽車川流不斷（註三）
早晚會將我這把老骨頭震散
但我堅決相信我既是石「人」

不會終老於世人歸天之前
萬萬沒有想到
〇三年五月三日竟是我的大限
面部岩塊崩塌，從此遠離人間
我心不甘我要高聲吶喊
人類將毀滅於自己營造的劫難
奈何先將我拉上祭壇

附註：

註一：據 About 網站資料「the old man of the mountain，whose stony countenance vanished overnight and was discovered missing on May 3，2003。」

註二：〇六年三月二十七日「世界日報」焦點新聞版大標題：「暖化加速 地球病入膏肓」其下說：「科學家警告 氣候可能一夕崩潰 冰川融化 乾旱踵至 動植物遽滅」

註三：「老人」面向的山腳下，正是波士頓往魁北克的主要通道，大小車輛川流不息。

見〇六年四月三十日「美南週刊」

如何超越「愚昧」

——閱讀「人類正快速接近『不歸點』」感懷

引言

「美南新聞」十月二十九日首頁大標題「人類正快速接近『不歸點』」。該報導是根據「聯合國環境計畫」的一份「全球環境展望」報告。報告中科學家們警告：「過去二十年人類使用地球資源的速度，已經讓人類的生存受到嚴重威脅；人類對環境造成的傷害，即將通過「不歸點」——更警告，這種生物多樣性的快速毀滅，可能意味地球正面臨第六次『大滅絕』」。

筆者閱畢毛骨悚然。看來「人類」儼然已經成爲地球的末期腫瘤，「它」自私的、無止境的吸取、破壞所賴以生存「個體」的資源和環境，不久即將與此「個體」一同「大滅絕」。但是警告發佈十多天來，「世界」竟然無多大「應變」動靜。難道「人類」真的會像腫瘤、會像癌細胞那麼「自私」、「愚昧」嗎？

「人爲萬物之靈」這雖是人類自己的看法，事實上用不著其他飛禽走獸舉手或投票表決，也確實可以肯定就是如此。然而人類的「靈」，人類的「智」能超越萬物，但是似乎很難超越自我，很難超越自我的「愚昧」。至少在某一個時間點上是如此！首先讓我們看一個小故事：

一

我有一個小晚輩，一歲多的時候，包著尿布到處跑，他講話清晰、聰明可愛。但是有一點非常麻煩，那就是屁股上的尿布永遠不要別人替他換。就算是尿布裡有了大便，就算是大便就要掉下來，也不行。也許他認爲，「換尿布」會與他眼前的短暫利益相衝突，那就是不僅影響他玩，還會給他帶來麻煩。當然，他媽媽常常不得不果斷的把他抓過來，按住硬換，讓他恨之入骨。我們可以想到，在當時「不換尿布」是他自以爲最「明智」的決擇。現在他長大啦，提起從前，他知道那時很「愚昧」，很不好意思。這就是成長。這就是「個體人」超越「愚昧」的成長。而整體的「人類」哪？要如何超越「整體人類」的「愚昧」？那就要更長更長的歲月了！

二

談到整體「人類」的成長，「整體人類」「愚昧」的超越，我們一同看幾個故事：

（一）我國【史記】中有個「河伯娶婦」的故事。那是戰國魏文侯時代，「鄴」這個地方有一條常鬧水患的河，當地人傳說「如果不爲河伯娶婦，大水來了會淹沒土地、淹死人民」等等。於是地方官吏結合三老、巫師，常常藉此強增賦稅斂財，所得錢財大部分朋分中飽私囊，小部分用爲「河伯娶婦」。如果地方上那個小戶人家的女兒，被巫師看上，就強聘爲「河伯婦」。爲她齋戒沐浴，住進爲她特製的河上「齋宮」，錦衣玉食十餘日後，選定吉日良辰，穿著打扮像嫁女一般，讓她坐上床席，推入河中。初則漂浮，久則沉沒。有一年，新任「鄴」令西門豹，瞭解一切狀況後，嫁女佳期準時到場。看到新「婦」後，向大家宣佈說：「這次的新婦不夠好，麻煩大巫婆下去向河伯報告，我們另找個更好的女子，後天送過去。」說完立即令手下吏卒將大巫婆投入河中。過了一會，西門豹又說：「巫婆怎麼去了這麼久！再送一個她的女弟子去看看！」於是又將女弟子一人投入河中。過了一會，仍然不見動靜，於是再投弟子一人入河。連投三弟子後西門豹說：「巫婆和她弟子都是女的，不會稟報，就麻煩三老入河報告」又投三老入河。在場涉及此事地方豪吏皆驚恐，叩頭流血，從此再也不敢談及爲「河伯娶婦」事（註一）。真是聰明而偉大的「西門豹」！

（二）這種爲「河伯娶婦」的事情，在加拿大尼加拉瓜大瀑布上游河畔的古早土著中，也曾發生過。事情發生的緣由、過程、結果，似乎與「河伯娶婦」如出一轍。不過，據我在簡介影片中所見（註二），與我國【史記】中所描述的「河伯娶婦」有兩點明顯的不同；一是「新娘」被族人、巫師們打扮好之後，送上的是一條小船，並且讓她自己划著小船，向大瀑布接近，最後連人帶船一頭栽進大瀑布，從此香消玉殞。二是沒有像「西門豹」這樣的智慧強人出現。因此看了之後，令人更爲「髮指」。

（三）中美洲早年的「馬雅」人，也有以少女投祭水源（族人生活必須的水井）的情事。甚至於還有剖腦挖心的「馬雅人祭」。讓人不敢想像！

（四）古早的中東人曾信奉「巴力」神。膜拜「巴力」的人，在遇到危險時，會獻上自己的孩子爲祭物（放在火上燒死），以獲取個人的成功和利益。在基督教舊約【聖經】裡早就斥責這種習俗爲「可憎的」（註三）。這比我國一代女皇武則天爲奪皇后位，親手掐死親生女兒（註四）還要血腥。

三

以上四個故事，所敘述的是地球上相距甚遠的四大區域，在古早（也不算太古）時空中，「人類」曾發生過的事。以今天「人類」的眼光看，幾乎沒有任何人不認爲那全是「愚昧」的。而且也赤裸裸的暴露出人類的「自私」、「殘忍」和「愚昧」。但是在那個時代、那個區域、那一群人卻並不認爲那是「自私」、「殘忍」和「愚昧」的，反而認爲那是「明智之舉」。也許當時群體中有某些人，頭腦清晰而超越當時的「愚昧」，恐怕他也不敢提出異議。就算提出，恐怕也不會爲當時的那群「人類」所重視。不然，在「人類」的發展「進步」史上，就不會有這些「愚昧」的情事發生。

回頭看今天，人類（包括一切生物）即將面臨「大滅絕」的災難，既經「聯合國環境計畫」科學家們的警告，而各國仍然不能放下以「自我利益爲中心」的種種作爲，一同坐下來共商人類如何有計畫的控制人口膨脹？如何降低人類使用地球資源的速度？以及如何降低人類對環境造成的傷害，和生物多樣性的快速毀滅等等「應變」之策。筆者乃區區無名之輩，該文也不可能掀起任何波瀾。看來「人類」真的很難躲過這地球面臨的第六次『大滅絕』。

近日我在想，腫瘤癌細胞之所以「自私」、「愚昧」而無止息的繁殖族類、吸取養分，破壞所賴以生存的「個體」，最後與其所賴以生存的「個體」一同滅絕。這是因爲癌細胞無頭腦、無思想、也永遠沒有科學家給它們警告。就算有科學家給它們警告，它們也不會懂。而人類不然，人類爲萬物之靈，有頭腦、有思想、更有科學家們的警告。然而自以爲「萬物之靈」的「人類」，卻對科學家們的警告聽而不聞，對即將面臨的「大滅絕」視而不見！怪哉？。就這一點看，「人類」似乎比「腫瘤」更「愚昧」，因爲「腫瘤」最後與其所賴以生存的「個體」一同滅絕，是「宿命」。而「人類」將面臨的「大滅絕」，是「人類」眼前的「私」，蒙蔽了尚有可爲而「不爲」的真正「愚昧」行爲。再者，從歷史證明，「人類」對其「愚昧」的超越，往往須要漫長的歲月。而今天我們那裡還會有「漫長的歲月」好等呢？

總之，我們真要想避開面前的「大禍」，要想立即超越「人類」此刻的「愚昧」。看來只有祈禱上蒼立刻賜給我們一位仁慈的、智慧的「媽媽」或「西門豹」那樣的「強者」囉！您說哪？

附註：

註一、事見【史記】滑稽列傳第六十六。如欲詳細瞭解故事內容，請參閱原文。

註二、八、九年前，我和內人隨旅行團赴加拿大尼加拉瓜大瀑布旅遊。在一部類似風景簡介的影片裡看到。也許你早已看過。

註三、舊約【聖經】申命記十二章三十一節：「因為他們向他們的神，行了耶和華所憎嫌所恨惡的一切事，甚至將自己的兒女用火焚燒獻與他們的神。」

註四、事見「資治通鑑」卷一百九十九。

見〇七年十一月二十五日【美南週刊】

從老子的「生」「死」看人生

筆者已年過古稀。一生中對老子思想的體認，雖未曾受「世之學老子者則絀儒學，儒學亦絀老子」（註一）的影響。不過，年輕時自以爲老子是反聖道的，因爲他「絕聖棄智」；反社會的，因爲他的「小國寡民」阻礙了國家社會的發展；反人生的，因爲他的「五色令人目盲，五音令人耳聾，五味令人——」幾乎拿走了人生一切的美好享受。甚至於認爲他很「權謀」，因爲他的「將欲奪之，必固與之」，似乎是今日「賄賂」、「詐騙」的最高指導者；很消極，因爲他是「我無爲而民自化，我好靜而民自正」的。及長，方領悟到那只是一些盲人摸象的「高見」。因此筆者與年輕朋友談話，或對學生上課，如所談課題與老學無關，或在時間不夠，不能詳加說明的情況下，盡可能少談老子，以免誤解。當然，時至今日我是否把這頭象摸得完完整整、俐俐落落了？仍不敢自信。本文不過僅就老子的「生」與「死」，淺談老子對人生的可能想法，以就教於僑居海外的長者們而已。

老子的「生」

老子的「生」，直到今天仍舊叫人一頭霧水。「史記老子韓非列傳」雖載老子姓名籍貫，但太史公自己隨即就表示懷疑「老萊子」可能是老子。又說：「蓋老子百有六十餘歲，或言二百餘歲」「或曰儋即老子，或曰非也」。方外之說更是離譜；如神仙傳云：「老子——周時人，李母八十一年而生。」又玄妙內篇云：「李母懷胎八十一載，逍遙李樹下，迺割左腋而生。」又云：「玄妙玉女夢流星入口而有娠，七十二年而生老子。」又上元經云：「李母晝夜見五色珠，大如彈丸，自天下，因吞之，即有娠。」後人雖多方考證，然而越考證越難有定論。不過有兩點是大家所肯定的；一是道德經五千言是確實存在的。二是這五千言一定有個作者，那個作者應該就是「老子」。至於這個「老子」是李耳、是老萊子、還是太史儋？以及他的族系、生辰等等讓人頭痛的問題，筆者認爲都是老子自己造成的。也可以說是他對人生的看法所造成的。因爲他既是太史公筆下的「隱君子也」，當然無意揚名天下，或留名於後世的。不然，老子既有著作，他很可以在他的著作裡，像屈原寫離騷：「我是高陽帝的後裔，我的父親叫伯庸。正在寅年寅月的時候，庚寅那一天我降生啦。——」（註二）老子也將他自己的族裔、父名、生辰年月等等，如此這般交代的清清楚楚就好啦。但是他不這樣做，甚至在他的五千言裡，沒有任何朝代、年月、人名、地名。也可以說與任何古今人物的是非、褒貶、榮辱不沾鍋。筆者管見認爲，這應該全是老子對人生的一種看法。也許在老子認爲，李耳也好、老萊子、太史儋也罷，千百年之後，這些名字與實質的我有何關聯？那不過是一個名稱而已！

老子的「死」

老子的「生」叫人一頭霧水，老子的「死」更是讓人如入雲霧。一般看法是；老子爲關令尹喜完成道德經後，騎青牛出關而西，不知所終。這種看法大致是據史記、列仙傳等資料。史記說：「老子——居周久之，見周之衰，迺遂去。至關，關令尹喜曰：『子將隱矣，彊爲我著書。』於是老子乃著書上下篇，言道德之意五千言而去，莫知其所終。」史記僅僅言老子爲關令尹喜著書，完成後而去，莫知其所終，而未提所去的方向和騎青牛的事。而列仙傳則說：「老子西遊，關令尹喜望見有紫氣浮關，而老子果乘青牛而過也。」老子既乘青牛西遊經過該關，爲關令尹喜著書後，繼續騎青牛出關而西，不知所終，乃情理中事。如果真的是這樣，那麼老子把人生看得也太透徹了！我們想，不論老子騎青牛出關而西的「關」，是散關還是函谷關（註三），這出關而西的「西」方，兩千多年前是何等情況呢？筆者去年四月到絲路、到青海一帶旅遊。所過之處不是茫茫荒漠，就是崎嶇山野，久久難得看到綠洲、村落。車上內急嚴重時，只好就地停車，男一邊、女一邊，各找地勢自我了斷。想想看，時至今日社會如此進步，交通如此發達，西域一帶尙且這樣荒涼不堪。兩千五百多年前的老子那個時代，會比現在更好嗎？老子騎着青牛搖搖擺擺的出關西行，前面等待着他的，能有甚麼呢？是五星級的大飯店嗎？還是像今日大員出巡似的，先遣部眾早爲他安排好了一切呢？當然不是，等待着他的應該是人跡罕見的荒山野嶺。再說老子在既無童僕，更無家人隨行的情況下，他的牛身上又能帶多少生活必需品呢？就這樣，老子孑然一身騎青牛出關而西，其結果是可以想像的。那應該是走啊走，一天、兩天、也許再久一點，走着走着牛疲人倦已極，一頭栽進山溝裡，鷹吃狼啃也就悉聽尊便了。當然，這類的結果，以老子的高智慧，必然是早就料定了的。但是他爲什麼還要這樣做呢？這應該也是他對人生的一種看法吧！

我們細加推敲，老子如此一了百了，自己既不必受輾轉臥榻病痛之苦，又不必拖累家人，更不必舉喪成禮，勞動親友，走的確確實實乾淨俐落。也許老子更是早已看透；身後遺體在無人眼見的情況下，山溝裡喂狼、水裡喂魚、埋在地下喂地狗子，有何不同？再進一步看，就算用上金棺玉槨；就算墓如皇陵，內藏珍寶價值連城，又如何？若干年後還不是被盜、被挖，屍骨無存？今人吳稚暉先生對此類問題，想法與老子頗爲接近。遺言骨灰投入台灣海峽，經國先生親往代勞，從此稚老與天地合。總之，老子刻意淡化他的辭世，將屍骨還諸天地、回歸自然。以「莫知其所終」劃下人生句點。讓人想像着，到今天老子似乎仍在騎着青牛，幌呀幌的向西方走去！不也是很美嗎？

結語

總而言之，老子的「生」與「死」，看起來全是迷霧一團，但實質上，應該都是他的自我意識在主導。因爲他主張「人法地，地法天，天法道，道法自然」（二十五章）。他的思想顯然是以「自然」爲至高點。他的一生似乎就是在實踐他自己的「自然」思想。一、他是自自然然的來：來自天地。至於族裔、父母、以及自己的名字是誰？誰記得？記得又如何！？二、自自然然的活：一生以「自隱無名爲務」（司馬遷語），不仰人鼻息。著作留後人，不求揚名立萬。三、他又自自然然的走：軀體還天地，世人不必知我所終。總歸一句話，老子可以說是，真真正正視名利如糞土，瀟瀟灑灑世上走一回的高人。

附註：

註一：司馬遷「史記老子韓非列傳」語。

註二：屈原離騷原文：「帝高陽之苗裔兮，朕皇考曰伯庸。攝提貞于孟陬兮，惟庚寅吾以降。——」

註三：正義：「抱朴子云：『老子西遊，遇關令尹喜於散關。』或以爲函谷關。」

見〇六年四月十六日【美南週刊】

看鬥牛憐淮陰

前些時我和內人聯袂赴墨西哥看了三場鬥牛，前兩場是常見的人持紅布與牛鬥。第三場是人持短矛，騎在馬上，人馬全無盔甲、無紅布與牛鬥。此法對筆者來說，頗新鮮。就表演角度看，這三場可以說是場場精彩，鬥牛勇士均能於險象環生中，最後刷的一劍中牛要害，令大牛應聲倒地。死牛由備妥的馬匹拖出場外。而鬥牛士則高舉雙手，繞場一周，既是示勇，也是答謝滿場熱情觀眾的如雷掌聲。而我卻有一種不知是該喜還是該悲的茫然！

人騎馬與牛鬥(華人攝影學會提供)

鬥牛的啓示

我看鬥牛這不是第一次，但我一直誤以爲鬥牛場上的牛只對紅布（或紅色）有反應，視紅色爲「天敵」。對其他任何禽獸或人類一概視而不見即使是看到也不把牠當敵人看。不然爲何鬥牛士的紅旗右擺、牛則奮力右牴，左擺、牛則奮力左牴，一旦鬥牛士將紅旗突然收起，隱於背後，牛看不到紅敵，失去了戰鬥的對象，就會立刻停住、傻住、愣住、抬頭瞪大牛眼，面對近在咫尺的「人類」從不攻擊呢？但今天我否定了自己的這種看法。因爲第三場格鬥，牛的對象，從始至終未曾出現過紅布，或任何紅色的東西。而牛的鬥志卻比前兩場更爲激情。我們看；開場時鬥牛士騎駿馬隨著音樂節拍舞蹈而出。繞場一周後，面對牛將出場的柵門二十餘公尺處昂首而立。不久，牛柵門打開，牛兒緩步出場。一看到馬，立刻抬頭、止步、瞪眼、怒視，馬則向前走幾步作挑逗狀。牛於是瘋狂直奔駿馬而來。申頭欲牴。馬則虛晃一招，拔腿就跑。於是牛馬環場追逐。馬快牛笨，牛看看追不上馬，只好停下來嚴陣以待。馬見牛停，回頭向牛再作示威狀，牛乃更加暴怒而狂追。就在牛馬兩個畜生窮追猛牴之際，馬背上的人類利用牛馬迴旋，最貼近牛身的霎那間，身子一斜，將手中的短矛刺中牛肩。相信此時的牛只顧盯住馬屁股窮追，有時只差分寸之間，不可能看到，也不可能知道，是誰在背上下的毒手。牛既被刺中，這一回合就暫告結束。聰明的人類怕馬太累有危險，立刻退場換馬再鬥。幾個回合下來，牛背肩上插了四五支短矛，一支比一支短而利。血流如注。人再換新馬，新馬上場健步如飛，而牛則疲憊至極。馬兒又一個快速迴旋，牛身上再吃進最後致命的一劍，搖搖幌幌，終於倒地不起。該場宣告結束。當然，這種鬥牛在我看，鬥牛士的危險性，遠比前兩場更高，因爲持紅布鬥牛，除非牛翻臉不認「人」才有大危險，而騎馬鬥牛，人在牛馬高速迴旋，斜身插牛之際，萬一不愼落馬，後果則不堪設想。總之，看了這三場鬥牛，對我有新的啓示。那就是，鬥牛場上的牛對任何牠自以爲是「敵人」的對象作戰，而不向牠自以爲是「天友」而非「天敵」的人類下狠手。當牠專心和忽左忽右的紅敵纏鬥時，牠看不到人類紅布下的利劍。就算看到，牠也想不到牠的朋友「人類」會在牠專心奮力與紅敵作戰，或與戰馬追逐之際，「乘人之危」刺牠、殺牠。如果牛有思想，牠一定會想；人類有養我之恩，要我拉車犁田是應該。要吃牛肉，明刀明槍殺我也是應該。因爲這是「天理」。就如同老虎餓了想吃人，牠就張開大口，擺出尖牙利爪，明來明去的撲向人類。如果人有種，就像武松一樣三拳打死牠，不然「你」就是牠的美食。這也是「天理」。人沒有趁我之危殺我的道理。真是可憐的笨牛。牠到死不瞭解人類，不瞭解人類除了吃牛肉之外，還有名、利的糾纏。人類不如此殺你，如何賣個「滿座票」？不如此殺你，如何贏得「勇士名」？

寫到這兒，不禁讓我想到當年爲大漢立下多少汗馬功勞的名將，淮陰侯韓信。最後卻死於他一直對他忠心不二的漢高祖劉邦和呂后的詐騙之手。他的死、他的下場，比這三頭笨牛更可憐，更爲不値。

淮陰侯三不如「牛」

一、牛就是牛。牛無法知道，也無法理解，人爲何要在紅布下面藏把利劍？這是當然的，因爲牛是笨牛。但淮陰侯韓信不然，他是萬物之靈的人類，而且是大將、是叱吒風雲、斬將搴旗、勇謀兼備的大將。可以說是人中豪傑。他怎麼可以不瞭解人類的權謀奸詐？他怎麼可以不清楚人類永遠爲大名大利所羈絆？他與劉邦相處並非一日，他怎麼可以不了然劉邦的處事爲人？他怎麼可以不知道他的「齊王」爵位是張良、陳平桌子底下踢出來的（據淮陰侯列傳：信下齊，派人想請劉邦封他爲假齊王。劉邦一聽大罵。正罵著，張良、陳平在桌子下面用腳踢他，劉邦立刻領悟，繼續大罵道：「——大丈夫定諸侯，即爲眞王耳，何以假爲？」（註）乃不得不封韓信爲齊王。）就算他不知道，他也應該有所耳聞。就算毫無耳聞，也應該從來往往的人物中察言觀色，從大局形勢中有所領悟。劉邦手上的紅布下面，早就握著一把隨時致信於死的利劍了。可是生而爲人、爲豪傑的韓信，卻一無所知。豈不比笨牛更爲可憐、可悲？

當笨牛左牴紅布、右牴紅布，背肩上血流如注筋疲力竭的時候，如果有人向牠說：「別傻啦笨牛！那忽左忽右的只是一片紅布，真正要殺你的是你面前的人類，你只要向面前的『人』，一頭牴去，準會送他上西天，至少你可以多活些時候。」也許牛會聽。但牛永遠沒有這個聽人忠諫的機會。而韓信不然，當他位居齊王，手握重兵，日麗中天之際，潛在危機已經形成。韓信有齊人蒯通爲他詳細分析天下大勢，勸他以與楚、漢三分天下鼎足而居爲上策，並強調「天與否取，反受其咎，時至不行，反受其殃。」（註）而韓信卻以「漢王遇我甚厚」而不聽。之後，蒯通再爲韓信舉越大夫文種等人有大功於勾踐，破吳功成之後，終爲勾踐所戮的例子（註一）以說信，並直言「——臣聞勇略震主者身危，而功蓋天下者不賞——足下勢在人臣之位，而有震主之威，名高天下，竊爲足下危之。」（註）韓信仍然「猶豫不忍倍漢，又自以爲功多，漢終不奪我齊。」（註）再次不聽蒯通言。坐失良機。真「愚忠」如牛。可悲、可嘆！

更離譜的是「項羽已破，高祖襲奪齊王軍。漢五年正月，徙齊王信爲楚王。——」（註）這明明是削弱他的兵權，挖他在齊國勢力的老根。而韓信仍不知警覺。到了楚國找到當年他貧困時給他飯吃的洗紗老太太，賜以千金。找到當年對他不夠禮遇的下鄉南昌亭長，賜百錢加以羞辱。召當年令他受胯下之辱的少年授以中尉。總之，他只知炫耀自己楚王的威勢，而卻忽略不久（次年）劉邦就用陳平之計，表面上是劉邦「遊雲夢」，而實欲襲信。召見韓信。韓信爲向劉邦再次表示忠誠，還逼死自己的好友（項羽的亡將）鍾離昧。手提鍾頭謁劉邦於陳。一進門就被劉邦捆起來。載於車後。到了這一步，他才見識到劉邦手中紅布下的利劍。真是「笨牛」不如，還說甚麼「果若人言『狡兔死，走狗烹；高鳥盡，良弓藏；敵國破，謀臣亡。』天下已定，我固當烹！」（註）那不過是費話一堆而已。

最最離譜的是：劉邦捆他至雒陽，劉邦可能是天良發現、也可能畏群臣不服而欲殺故縱。於是「赦信罪、以爲淮陰侯。」（註）韓信既有被詐擒於雲夢的痛苦經驗，處事應該警覺老練才是，可是後來他與陳豨謀劃聯手真要叛漢時，陳已舉事，信未及出手，復中呂后蕭相國合謀之計而入朝，被「呂后使武士縛信斬之長樂鍾室。」（註）信屢被詐擒，真是不可思議。他怎麼會笨到這種地步？

總之，韓信初不聽蒯通言，繼而劉邦削他兵權，遷他楚王而不自警，再而背友求榮，被詐捕於雲夢。最後復爲所謂「兒女子」詐擒而被斬。即使是「牛」也不至於一而再，再而三而四的被矇、被騙、被擒，終於被殺吧？能不令人慨嘆！

三、牛是「笨牛」。牠可能到死不知道自己是死於人類之手。也許牠自以爲死於對紅敵、對惡馬的激烈戰鬥中，死得像個英雄而無怨無悔。而韓信不然。他首次被詐擒於雲夢時，大罵「狡兔死，走狗烹；高鳥盡，良弓藏」可見他已經清清楚楚知道捉殺他的是劉邦。是他自以爲「遇我甚厚」的劉邦；是他日日夜夜爲他效命沙場，立下多少汗馬功勞的劉邦；是他對之忠心耿耿的劉邦；是他自以爲忠厚長者的劉邦。他內心的苦痛、悔恨，那是一隻「笨牛」所可比的呢？尤其最後爲呂后詐擒將斬時，他發出哀鳴說：「吾悔不用蒯通計，乃爲兒女子所詐。豈非天哉！」（註）死後何以瞑目？

再者，信死，劉邦夷殺他三族。我們想韓信死後將何以面對那些爲他冤死的三族親人於地下？就此來看，他的死就真不如鬥牛場上的「牛」了。

悲劇英雄

總而言之，牛忠於人類，而不瞭解人類；淮陰侯韓信忠於高祖劉邦，而不瞭解劉邦。牛死的糊糊塗塗，無所謂怨也無所謂悔。而韓信死的明明白白，知道自己是因「愚忠」冤死於「主人」之手而含恨九泉。且累及三族，更讓他無顏見先人、親人、族人於地下。因此，就「死」的角度看，他確實不如牛。比牛更可憐。但從「忠誠」的角度看，淮陰侯韓信不失爲「君子」。從「功業」的角度看，韓信是漢初「三傑」，是豪傑、是英雄。所以我們不能不說他也是一位可愛、可敬、可悲，永遠令人扼腕長嘆不已的悲劇英雄。

附註：

註：該文多處有（註）的引文，均出自【史記、淮陰侯列傳】。

註一：【史記、越王勾踐世家】：「——人或讒種且作亂，越王乃賜種劍曰：『子教寡人伐吳七術，寡人用其三而敗吳。其四在子，子為我從先王試之。』種遂自殺。」

見〇四年十月三日【美南週刊】

心歸何處

一

如果我們說人「一心一德」，是讚美。說人「三心二意」，是諷刺，是侮辱。說人「有二心」，應該是事實。因爲每人都有一個肉體的心，在胸腔內。另外還有一個是精神的，它是一個人意志力的總體表現，就是古人所謂「心之所之，之謂志」的心。也就是一般青年男女常說的「我的心裡只有你」的那個心。前者，是人自呱呱落地到辭世升天，全靠它的跳動，維持生命。也就是說，它的存在，關係那個人肉體生命的存亡。但是後者，也就是那個精神的，意志的「心」，則不然，它不僅也能關係到他個人肉體生命的存亡，更能影響到他個人以及其他人，甚至天下人的榮、辱，成、敗，暨名譽和肉體生命。其力量之大，影響之廣，不可想像。本文「心歸何處」的心，就是這個精神的，意志的「心」。我們就簡稱它爲「心」吧。

二

我們看，近年來吸毒、自殺，甚至集體自殺，幾乎已成地球村民的普遍風尚。這是爲什麼？爲什麼萬物之靈的人類會這樣自我放棄、自我毀滅？像當年的林黛以及最近的倪敏然等人，都是藝界名流。他們爲什麼也會自我了結？他們不可能全然爲了溫飽問題，顯然是「心」出了問題。「心」迷失了方向，失去了它應有的功能。也就是所謂「哀莫大與於心死」吧，殊爲憾恨！可知這精神的「心」，確實也關係到一個人肉體生命的存亡。我們再看，當年劉邦在咸陽，看到秦始皇的威武，說：「大丈夫當如此也！」青年項羽看到秦始皇遊會稽、渡浙江的大場面，說：「彼可取而代也。」就因爲這兩個人的「心」定下了，既有力又相同的方向。於是乃有二人三年合力亡秦，及五年的楚漢爭戰。勝王敗寇的功過問題，自有歷史評論。但多少萬雙方將士，多少無辜的黎民百姓，丟性命、遭劫難，是不爭的事實！可見一個人「心」的定向，也會危及天下人的存亡。我們再看，水滸傳中的宋江，當年爲囚徒時，「潯陽樓」題詩：「——他時若遂凌雲志，敢教黃巢不丈夫！」吐露了他「梁山」的心志。鑑湖女俠秋瑾在她的詞裡曾說：「——休言女子非英物，夜夜龍泉壁上鳴！」（鷓鴣天）。又曾說：「——苦將儂強派作娥眉，殊未屑！身不得，男兒列，心却比，男兒烈。——」（滿江紅）因爲她的「心」志如此，乃成就了她比丈夫還丈夫，比英雄還英雄的千秋英名。毛澤東早年在他的「沁園春」詞裡，歷數各代帝王都不夠看，最後說：「數風流人物還看今朝！」顯現了他「心」的方向和大志。總之，由於這些人的「心」志方向，使得他們在中國的歷史長河裡，都先後掀起了或大或小的浪花。也牽連到不少人的榮、辱、生、死。

三

去年四月，筆者赴絲路旅遊。回程特別增加自河西走廊，翻過祁連山至青海的一段行程，一覽青海湖的風采，並參觀了附近藏傳佛教四大中心之一的塔爾寺。在寺正殿（大金瓦殿）右側的角落裡，一位二十幾歲的當地青年，態度肅穆，面向佛，立定後，雙掌合於胸前，向上向前慢推，雙膝下跪，雙手慢慢分開、著地，引身前推至全身伏貼地面爲止。然後再縮身、收腿、跪正、雙手再次合於胸前、起身、立定，這才算是磕完一個頭。每一個動作，都一絲不苟。這一個頭，至少要用上三分鐘。我看他磕一個、再一個，超過了九個，簡直是沒完沒了。乃請教導遊。據導遊說：應該是那位信眾，因爲某事許了願，要磕上幾千、或幾萬個頭也未可知。他用佛珠數著，今天磕不完，明天再來。願大的，可能磕上一生。但是他們心裡很平安、很喜樂。令人震驚！真是令人震驚！至少我是第一次聽聞。看來我們此行，除了見識到喇嘛廟堂的莊嚴、宏偉、豪華，與貧瘠的山野景觀，成強烈對比外，也見識到了藏傳佛教信眾們，對信仰的堅貞與虔誠。更使我領悟到，藏傳佛教對千百年來一直生活在交通艱困，物資貧乏的青、藏地區人們的貢獻。因爲如果沒有這政教合一的佛寺，人們將怎樣面對如此封閉、荒僻的山野？又將心歸何處？

我們再看，去年某報載，中國山西省聞喜縣的裴柏村，曾經出了五十九位宰相及五十九位大將軍。自漢唐以來，裴氏家族中僅正史立傳與載列者，六百多人。名垂後世者，不下千餘人。七品以上官員，多達三千多人。爲什麼會這樣？難道廣闊的「神州」大地，只有裴柏村人傑地靈吗？想揭這個迷，就要看以下報導說，該村有一獨特禮儀，誰家生長男，親友不送錢財禮物，而是送綢布，上寫「建國英才」、「國家棟樑」等賀詞。生女則送「巾幗英雄」等條幅，懸掛在門楣上。答案就在這兒了，顯然不是裴村人個個都是天縱英才，而是裴村子孫的「心」志，一出生就被裴家的族史、族人、族風，將他導向、也可以說是大力推向光宗耀祖、國家棟樑的方向。再加上學養深厚的師長、父兄的教導，以及同輩間勤奮向學，相互激勵之自然成果。

再者，最近我看到一本書，名叫「十字架上的校長」。是民國三十八年「澎湖案」受難者張敏之校長夫人王培五女士口述回憶錄。從書中深切了解，當年王女士一人母兼父職，一面教書，一面帶領著大的十四，小的才三歲的六個兒女，走過那段艱困歲月。守寡五十多年，如今六兒女在美國個個成就非凡，尤其是長子張彬，不但在美國大學拿博士、任教授，並名列一九七三年至七四年美國版之名人傳。次子張彪曾任猶他州公路局副局長。他是華人在該州任公職，職位最高者之一。三子張彤獲史丹福大學博士時，年方二十五，爲該校最年輕的博士。怪哉！難道天下「英才」都生在張家？應該不是。那是因爲他們有一位堅強而有智慧的母親，在她的言教身教下，在艱困惡劣的環境中，「心」志有了正確的方向，繼之以憤發圖強的必然結果。

四

縱觀古今，多少人類的進步與福祉，是來自某些人的苦「心」、愛「心」。多少人類的災難與死亡，是來自某些人的禍「心」、野「心」。人性究竟是善是惡的問題，自孟子旬子開始辯論以來，至今未成定論。有時我們想，人類這個精神的、意志的「心」，有點像天上來的大洪水，既已存在，如能疏導、引正，可灌溉天下良田，造福萬民；如任其恣意橫流，將禍害蒼生。如歷代戰亂，以及第一次、第二次世界大戰，無不造成人類浩劫，那不就是一些醉「心」於權欲，醉「心」於掌控世界的軍國主義者惹的禍吗？因此，導引人心，就是掌控人類禍、福的根源。如何導引人「心」向上向善？那是世上最最大的工程。從古至今多少中外聖人、哲人、思相家、教育家，一直在賣力的建構，但始終未竟全功。尤其是近數十年來，工業社會早已形成，各項有形的「工程」，包括艱困的太空工程，無不突飛猛進，唯有這人「心」的導引工程相對落後。這也難怪，因爲人「心」的導引工程，不同於其他工程，它需要全面的、全程的、持續的施工。也就是說，一個孩子出生後，與他接觸的環境，以及每個人的言行、事物，對這個孩子來說都是教育，都是他「心」志的導引工程之一。決非單靠負教育責任的師長而已。當然，這一切的教育和導引，又必須全是正面的，而且經年累月，直到他智慧成熟，「心」志有了定向爲止。本文前面所說的那個山西小村，幾乎家家出棟樑、個個是人才，就是最標準的例子。但是現在社會形態已經改變，交通、資訊、媒體、以及政治運作，日新月異，像過去那種單純的山西小農村，已經不復存在。今天的孩子在學校聽老師說，要如何如何守規矩，但是打開電視，國會殿堂裡的委員大人們可能正在對罵，在扭打。這個電視台正上演忠孝節義的劇碼，一轉台，可能會看到黑社會打打殺殺，神棍騙財騙色的負面新聞報導，或某些政客口是心非的「讜論」。孩子學成入社會後，處處可見與師長、書本所言大異其趣的社會現實。奈何！孩子們生在這樣一個經濟起飛，科技極度發展，而道德、是非易爲扭曲的社會裡，他們將何去何從？將「心」歸何處？值得我們深思！

見〇五年九月十一日【美南週刊】

「心歸何處」續篇

一、三個問題

拙作「心歸何處」九月十一日於本週刊發表後。有讀者朋友談道：「大作中提到山西裴柏村，千百年來幾乎家家出棟樑，個個是人才。之所以如此，主要是因爲那個時代的小農村，環境單純，孩子出生後除了接受家人、村人、族人已經形成風氣之正面教導影響外，不易受到外界事物的干擾。但閣下另外所舉張家六姐弟的例子，已是四九年代以後的工業社會，在孩子的『心』志導引工程上，所受社會各種干擾已多，張家姐弟是如何達到成功之路的？再者，處在一切極端進步而複雜的今日，將如何施展孩子的教育？也就是閣下所謂導引孩子『心』志向上向善的導引工程，要如何做？再者，人爲甚麼要活著？」感謝讀者朋友的指教。其實這三個問題，在本質上有其關連處。

二、梅花香自苦寒來

要明白在現代干擾已多的工業社會裡，張家姐弟如何走上成功之路，首先要瞭解，張家六姐弟成長中所處的是比苦難更苦難的環境。在四九年兩岸形勢險峻的大局中，他們的父親因「澎湖案」遇難，當時的張家，在台灣可以說一無所有，幸好他們有一位堅強而有智慧的母親王培五女士，她既要照料（最小的只有三歲）六兒女的生活，又要到處謀求學校教席工作（王女士是早期北京師大英語系畢業），以維持大小七口的生計。我們可以想像，以四九年台灣的經濟現實，一個中學教師的微薄待遇，除了一家生活外，還要供六個孩子受教育，他們在物質生活上的艱困程度，凡是走過那段歲月的人，都會有深刻的瞭解。再者，王女士一面強壓著內心的悲傷，獨撐全家家務，還要出去教書。她每天必然是起早睡晚，沒完沒了的爲兒女操勞著。六兒女能不一點一滴的看在眼裡，放在心裡。因此，劫難、艱困、以及母親無怨無悔的犧牲，將這一家凝聚成一個堅實的精神堡壘。六姐弟的「心」志，定然也牢不可破的集中在，要努力、要上進，不然如何對得起母親的目標上。於是，他們在學校聽老師的，回到家裡有母親的言教身教，和姐弟們相互的砥礪，至於社會上的紛紛擾擾，電視上的殺殺打打，相信他們會視而不見，聽而不聞的。古書上有個故事；有一個人，當眾搶金子，被抓到後問他，你怎麼敢當着這麼多人搶金子？他回答說：「我當時只看到金子，沒看到人」。我們想，當年六姐弟的「心」志，定然也像那位搶金客一樣，意志力完全集中於一個「奮發向上」的目標上，他們是看不到一切社會上的紛紛擾擾的。就算偶有疑問，他們堅強而智慧的母親，也會給他們適切的指引。總之，他們雖然生在二十世紀的工業社會裡，但他們的成長環境，與當年的山西小農村，在精神上差異不大。那是由災難、艱困、和一位偉大的母親所共同打造的成功之路。正是所謂「寶劍锋從磨礪出，梅花香自苦寒來」。

三、母親的眼睛是孩子的天空

至於在萬花筒似的現代社會，當如何實施「心」志的導引工程？筆者淺見以爲，水的導引工程重在源頭，如四川都江堰，李冰將水勢流向的源頭工程做好了，以下順勢而流，其他外來的影響，對它就不會太大了。「心」志應當也是如此。人的生命源自父母，成長重鎭在家庭。因此，人一生的成、敗、榮、辱，家庭教育是關鍵，尤其是生他、育他，自小與他接觸最多的母親，更是關鍵中的關鍵。記得初中時讀英文，讀到一篇小歌：「mothers eyes is babys sky」。歌雖簡短，卻可說明母親對孩子的重要。回顧我國多少聖賢，之所以成爲聖賢，往往與他偉大的母親有關。如至聖先師孔子，三歲時老父過世，家道敗落，由年輕的母親顏氏，於貧困艱苦中將他撫育教導成人。孔子自己也說「吾少也賤，故多能鄙事。」孔老夫子少年時貧賤，不是客氣是事實。五月五日，前僑務委員長毛松年先生，在中國美術協會演講「聖母頌」，就是頌揚孔子偉大的母親。再如亞聖孟子，孟母三遷的故事，凡我華人可以說無人不知。三字經上說：「昔孟母，擇鄰處。子不學，斷機杼。」孟母是最瞭解，孩子越小，環境對他影響越大的母親，稱她爲世上導引孩子「心」志向上向善的最佳母親工程師，應該是當之無愧。再如歐陽修，四歲喪父，家貧，母親以蘆荻劃地寫字教他唸書。以及岳飛母親的教忠教孝等等。都是歷史上我們耳熟能詳的事例。但張家是現代而非歷史上的事例，筆者要特別強調這一點。總之，從這些教育孩子成功的事例中，可以看到，除了都有一位偉大的母親之外，似乎還有一個共同點，那就是「艱苦」。這也許正如蘇格拉底所說：「苦難是磨鍊人品格的最高學府」吧。當然，自幼失去母親的人，人生道路走起來必然很苦，但是也有一些自幼失去母親，而仍然非常成功的人。那就看上帝有沒有給他足夠的毅力了。如大舜幼年時失去母親，他卻以堅強的毅力，克服環境而仍不失孝道。再者，孩子的「成」，家庭、父、母之功居多。而「敗」亦多由此。雖說天下父母愛兒女的心是一樣的，但方式則不盡同。如孩子想上天，有的父母會忙著給孩子造梯子，父親慢了一點，母親會抱怨丈夫不愛孩子。如此這般將孩子推向「失敗」的未來，而不自知。誤了孩子，有時還會害了他人。天下的亂源，往往在此。至於今天，這種造成孩子「心」志向上向善，還是向下向惡，關鍵不但仍然在家庭、在父母，而且家庭父母的角色更爲重要。因爲由於人類的進步，在人「心」志導引工程上，今天比往昔至少多了三大困難。第一就是「母親」角色的流失；過去女性不參加科考，不出外做官、做事。千百年來一直是男外、女內的家庭型態。雖然對女性不太公平，但卻有利於家庭的穩定，和幼兒的教養，因爲幼兒與母親是難以分割的。這也許是上帝特別賦予女性的光榮天職吧！而今男女平等，離婚率暴增，夫婦同時外出工作的家庭已成常態，母親的角色將由誰來扮演？像王培五女士一人獨撐家庭，身兼內外、不眠不休、無怨無悔的母親已不多見。如帝舜雖然失去母親，而毅力特別堅強的孩子也不會太多。父母不得已將孩子假手褓姆或他人，不論是被放任討好，還是被虐待管制，對孩子「心」志成長，都是嚴重傷害。據說當年佘襖爾夫人任英國首相時，有一次她赴國會遲到，向大家致歉說：「對不起！我爲了送孩子去學校，來晚了。」可見她雖貴爲首相，仍不忽略「母親」的天職。難得！第二就是前文所提到的「負面誘惑」太多；這太多的負面誘惑，和前面母親角色流失的問題，往往互爲表裡、互相激盪，對孩子的「心」志導引工程，最爲不利。寫到這兒，使我想起幾年前的槍擊要犯陳X興。據報導，他小時就失去父母的教養，跟他祖母長大，我們想那個年代的普通老太太，除了給孫子生活上的基本溫飽之外，在教養上還能給他什麼？於是幼小的他，經不住社會種種誘惑，小學時代就犯下了案子，以至長大後一步步走上江湖不歸路。犯下累累大案，最後伏法前，明知自己難逃法網，還一再爲他太太脫罪，展現了他天生的善根。我們想，如果他能有孟子那樣的母親，或者就算沒有父母，而是生在從前的小農村，接觸不到今天社會的種種罪惡和誘惑，相信他不會有此下場。也許這就是命吧！第三就是由於科技的進步，社會普遍富足。社會富足當然是好事，孩子的營養好、醫療保健好，但也讓今日的孩子們，很難進入蘇格拉底所謂的「磨鍊人品格的最高學府」。以及接觸孟子所謂「天將降大任於斯人也，必先苦其心志、勞其筋骨、餓其體膚」的鍛鍊。不過，也有現代母親對於這種問題，處理的非常高明。如陳履安先生的高堂。當年陳先生的父親任行政院長時，陳先生尚幼。同學們在台北街頭常見他衣著簡樸騎單車上學。聽說他母親曾訓示他：「你父親是行政院長，汽車是國家給他上班用的。你是學生要和同學一樣，騎腳踏車上學！」陳先生日後的從政生涯德業出眾，當與有此「良母」相關。也只能說陳先生的命好吧！總之，現代父母難爲。處艱困爲兒女犧牲奮鬥而無怨無悔，已屬不易；處富足而育子女以簡樸，更是困難。處權貴教子女以平易，兒女事必親自處理不假手下人，更是難上加難。不過，不論時代如何變遷，打造自己的溫馨家庭，時時關懷兒女，時時給孩子以智慧的身教、言教，凝聚兒女對父母對家庭的向心力，引導孩子「心」志向上向善，都是爲人父母的基本責任。能如此，也許您的辛勞會增加人類更多的福祉，不然至少也會降低天下蒼生的災難。無論如何，對兒女對世人，那都是功德無量的。

四、「心」必有歸

至於人爲什麼要活著？問題太大，不是淺薄如余所能說得清楚的。不過實際上早有「生活之目的在增進人類全體之生活」爲之註腳。當然，那是一個理想，是鼓勵人類朝向那個目標推進的理想。但現實社會，每個人自出生至歸天，時時都在爲完成自己的「心」志而努力。如小時很乖，媽媽明天才會給他買個想了很久的好玩具。少年時賣力讀書，希望得個好成績、入好學校、拿高學位。入社會後努力工作，以便開拓前程、養家活口、教育兒女等等。當然，也許有人走的不是這條標準模式的順道，走的是彎道、是斜道、或邪道。但是，不論他走的是那條道，不問他「心」志的方向在那裡，每人時時都在努力的向他「心」志方向推進，以期完成「心」願的模式大致是相同的。也許現實中人（不論是偉人、平凡人、好人、壞人）就是爲了完成他的「心」願而活著吧！因此，「心」願一旦完成，或確知自己的「心」願永遠無法達成時，「心」志必須另有新的方向和目標取而代之，不然他會失去活著的意義，茫茫然不知所措，甚而會走上自我毀滅。如屈原深知國破君亡一切絕望，只有自投汨羅。項羽敗走烏江，確知自己「勝王」已不可得，「敗寇」又決非「心」願，只有自刎以謝江東父老。再如老子，在他的道德經五千言完成後，「心」願已了，於是騎青牛出關而西不知所終。老子這一手應該是最高明的自我了結方式。既不累及家人，也不必受臥榻病痛之苦。其實，處在今日的長者們，就算年高如「老子」，就算人生一切「心」願均已完成，也不必「心」志茫然，因爲仍有新的願景等着您。看，今日社會有多少事、多少人，還需要您的智慧和指導。您可以將「心」志歸向宗教。也可以像馬德五先生一樣，年過古稀，不計名位，拒絕報酬，每天「馬」不停蹄的爲人辦申請、解煩憂，而他卻喜樂融融。再者，今日社會的進步遠非老子時代可比，社會的進步與富足，雖對孩子的「心」志導引有些障礙，但也創造了人世間空前絢麗的美景，這絢麗美景裡也有您的一份心血。所謂「西陽無限好，『最美』是黃昏。」如果您「心」雖有馬先生之願而不克實現，那就把「心」志踏踏實實歸向這「黃昏美景」的欣賞上吧！

總之，到今日爲止，人的一生似乎仍在爲了完成一個又一個的「心」願中度過，不論那個「心」願對人類有益與否。也許有人覺得，如此說來，人豈不是成了自己「心」的奴隸啦？也許是吧！但願有一天人類真正能達到「生活之目的在增進人類全體之生活」的境界。

見〇五年十月三十日【美南週刊】

黃口無飽期

——向天下偉大的母親致敬

一

今天我又來到僑教中心乒乓室，正在打球的時候，突然窗外小影一閃，那隻似曾相識的老「小鳥」，戛然落在窗外的松枝上，我趕快停下球板，面向窗外凝視，只見牠呆呆的、靜靜的，面對空空如也的昔日老巢，不知道牠的心裡，是否正在聲聲呼喚「孩子！你們在那裡？」呢？

當然，要請讀者再次恕我眼拙（前次寫吳先生所拍攝的「比翼雙飛」時，我看不出圖片中的

黃口無飽期　　吳越凌先生攝影

前後鶴，何者是公是母？只好據「lady first」的現代理念，判定前鶴必是母鶴無疑），我現在已然看不出，這隻孤獨的老「小鳥」是公是母？不過據「母子連心」的理念看，「她」必是母鳥無疑，因爲天下只有「母親」最難忍受對兒女的割捨！「她」能不回來看看！？

二

筆者初次見到這位老「鳥媽」和牠的老伴，是幾個月以前的事。當時我也是正在這兒打球。我們的球室成長方形，向外、面東的長牆上，鑲有半落地式的兩片大玻璃窗，窗外青松花影，盡收眼底。再者，每當天晴氣朗的時候，陽光還會將窗外的花、樹，投影在窗戶的玻璃上，形成一副活動的松景素描圖。因此打球時，我總是有意無意的向窗子那兒看看。那一次窗外好像也是這樣小影閃動，我好奇的走到窗邊觀望，居然是兩隻鳥兒，口銜小樹枝，在貼近窗台的松樹上跳上跳下，構築牠們的愛巢。真是幸會，這還是我今生第一次，這樣貼近、這樣清楚的見識到這種工程。更幸運的是，球室的大玻璃窗是完全封閉式的，白天室外光線較強，所以室內的聲音和活動，這小小愛侶工程隊的工作者，是視而不見、聽而不聞的。因此，牠們在工作，我在觀賞，兩不相擾。之後我經常來打球，也經常看到牠們在窗外松枝間飛來飛去。直到有一天，我發現球友吳越凌先生，球也不打，在窗外貼近玻璃，站在椅子上，手把相機，鏡頭對準近在咫尺的鳥巢，大氣不敢喘的，站了一個多小時。最後他終於滿臉笑容的回到室內說：「成功了！」。原來他捕捉到了老鳥銜食，哺育幾個黃口幼兒的難得畫面。看！那幾個小傢伙，紅紅的、光溜溜的身子，黃黃的嘴巴張得大大的，伸長了脖子，企盼著鳥爸鳥媽喂食的模樣，可愛極了。但是「黃口無飽期」！這一對鳥父母必然是無止息的輪番覓食喂養，其辛勞可知。這也讓我們想到「父兮生我，母兮鞠我，拊我、畜我、長我、育我、顧我、出入腹我——」（註）的劬勞深恩。之後，在感覺上好像沒幾天，一隻羽翼漸豐的小鳥，試飛不成，掉落在地上。有人試圖將小鳥撿起，送回巢穴，可是此時的小鳥，已有能力邊跳邊飛，沿著樹幹、矮枝，蹦蹦跳跳的又回到了樹上。這時我清楚的看到，覓食回來的鳥父母，正在兩三公尺之遙的矮樹上，一動不動的，冒着被人類捕捉的危險，嚴密注視著小鳥落地的一切過程。高度表現了天下父母對兒女無保留的關愛和犧牲。此事不久之後，鳥巢空置至今。如果你想見識見識球室窗外的空巢，現在來僑教尚不爲晚。

三

就這麼短短幾個月的時間，我們「眼看她『築香巢』，眼看她『育兒女』，眼看她『巢空了』」。當然，這是一件世界上最普通、最平凡的小故事。但是，卻讓筆者體認到，這是世間一代又一代，最普遍、最偉大的生命承傳工程；也是愛之神在世界上彈奏的，最動人、最美妙的生命樂章旋律。我們想，這一對不起眼的鳥情侶，打從牠們結爲夫婦之後，忙築巢、忙孵卵、忙育子，忙得忽天黑地、無止無息，直到兒女羽翼已豐滿，各飛東西的時候，方能喘口氣、歇歇腳。但此時的兒女已遠走高飛，也許永遠不得相見，也許縱然相見而不一定能相識。想想看，牠們究竟爲了什麼這樣辛苦這樣忙呢？爲了「養兒防老」嗎？當然不是。別說是鳥類的父母，就是人類的現代父母，也幾乎已經沒有人是爲了將來靠兒女生活而生兒育女了。那牠們究竟爲什麼？如果一定要問爲什麼？也許牠們是在盡父母的天職吧！也許是在爲了一連串「期盼」中的喜悅吧！牠們期盼香巢早日築好、下蛋、孵卵；期盼小生命早日出生、一天天日漸茁壯、羽毛豐滿。從這一連串的「期盼」，得到兒女一次又一次，日漸成長壯大的正面回應中。牠們心裡會時時充滿無限的快樂和滿足，也就不知道什麼是忙碌，什麼是勞苦了。這也許就是「可憐天下父母心」吧！

現在我們放眼看看窗外這隻「鳥媽」，她面對「嬌兒不知何處去？空巢依舊笑東風！」的蒼涼景象，內心除了聲聲喚「嬌兒」，等待「嬌兒」突然出現的奇蹟之外，似乎正在默默承受悲悽的孤苦煎熬。然而她那遠在他方的「嬌兒」，是否也在想着「她」呢？

附註：

註：見「詩經」菉莪篇。

羽翼日豐滿　　吳越凌先生攝影

孩子，你們在哪裡？　　吳越凌先生攝影

見〇六年五月二十一日【美南週刊】

「屁」味沖「天」

「定遠」重現喜登臨，「甲午」英烈何處尋？
——登北洋水師旗艦「定遠」號感懷

○八年台灣三月大選前不久，報上有條新聞：有位婦人外出時，無論是在路上、公車上，或在某些公共場所，有時她會突然聞到陣陣難耐的臭屁味，當她忍無可忍時，往往會對旁邊的陌生人抱怨，甚至於會和對方吵起來。次數多了，家人不得不帶她到醫院檢查。結果發現這位婦人由於吸食強力膠過多，造成嗅覺變異。嗅覺有時正常，有時卻會突然嗅到難耐的臭屁味，所以才會讓她對身邊的人惱火。

大選後（三月二十四日）筆者與內人聯袂赴北京探親旅遊。於遊「北海」、看「鳥巢」之際，常向路邊辛苦的「警察」先生問路。據友人說：北京「警察」身上原有表示「警察」身分的「POLICE」，由於第一個字母「P」與「屁」音近，問路的人往往稱「P」先生，而聽起來卻像「屁」先生，甚是不雅，所以現在不再帶這種字樣。

由以上兩件小事例，可以確切的肯定兩件事；那就是「屁」味太臭難聞，「屁」名不雅難聽。因此，對於「屁」，人人皆欲遠之、避之而後快。然而有一種「屁」與此卻恰恰相反，施者往往是樂此而不疲，受者往往是甘之而如飴。這種「屁」就是所謂的「馬屁」。也就是本文題目「屁味沖天」的「屁」。古往今來，不知多少家事、國事、天下事毀此「屁」味中。

首先看西周時代的幽王，寵愛美女「褒姒」。「褒姒」美是美，就是不好笑，幽王使盡了方法逗她笑，她就是不笑。幽王於是意想天開的「舉烽火」試試。當時的「烽火」是專為敵寇入侵時，舉烽火招諸侯救援王室而設的。幽王將烽火燃起時，諸侯全來了，但是並無敵寇，諸侯們正在錯愕之際，而「褒姒」大笑，幽王甚樂。之後幽王為拍「褒姒」的「馬屁」逗她笑，多次舉烽火，乃至「褒姒」一再大笑，諸侯一再白忙白跑，久之，諸侯不來。後來真的有敵寇西夷「犬戎」攻打幽王時，幽王舉烽火徵兵，諸侯兵不至。幽王乃被殺於驪山下，「褒姒」被擄。西周亡（註一）。豈非「馬屁」惹的禍？！

再看明末崇貞帝。據說崇貞即位，尚能克勤克儉，用心於治國安民。無奈他生於皇家、大內，成長於太監、佞臣「馬屁」味的薰陶中。再加上個性剛愎自用，因而造成他無法理智認識、更無法透徹瞭解朝臣或朝政的真實面。於是就在滿清強敵當前，「馬屁」味充斥身邊的情勢下，千刀萬刮了禦清名將袁崇煥。直到闖王李自成攻克北京，崇貞這才了悟到自己誤信「馬屁」讒言，自毀干城。然而爲時已晚，只有自己吊死煤山以謝、袁大人、先人、國人。大明朝從此也就走入了歷史。可悲！

更誇張離譜的是：滿清晚期，爲適應世界局勢、增強國力，清政府撥巨款擴建北洋海軍所演生的一連串問題：

三月二十九日，我們有幸在青島隨當地旅行團赴蓬萊、威海衛旅遊。至威海衛，導遊特別推薦說：「當年北洋海軍旗艦『定遠』號，已經從歐洲複製完成回國，與原艦大小型式、鎗炮設施完全一樣。現在停靠在前面不遠的『定遠艦景區』碼頭，有興趣的朋友，可以利用午餐後逛街購物的兩小時時間，自行前往買票登艦參觀。」意外！真是意外！這趟旅遊居然讓我有機會重見沉入海底百餘年的「定遠」號，能不喜出望外！於是余夫婦與連襟（中科院的前主任何堂坤先生）夫婦四人，立刻決定選擇登艦參觀。及至，因我夫婦已年過七旬，無須購票。登艦後，服務人員熱誠照待，使我們覺得格外備受禮遇，尤感欣喜。對於艦上武器、設施等等，解說員一一詳加說明。並於展示廳參觀「定遠」遺物、瞻仰「定遠」艦長鄧世昌和全艦將士遺容。參觀過程中，多次聽解說員提到，當年海戰失利主要導因於建軍款被挪用爲「慈禧太后」建頤和園。我們想，這種事應該是當時那些庸臣、佞臣們，爲討「慈禧太后」

的歡心、爲向「慈禧」拍個大「馬屁」，而挪用了部分建軍款，興建頤和園賀「慈禧」壽。再加上「慈禧」昧於世界局勢、昧於海軍對國力的重要性，更由於「慈禧」一向「馬屁」味聞得多了，乃聞味而心喜，也就欣然接受。以至於造成日後中日甲午之戰，北洋水師慘敗。這一敗不僅無辜的犧牲了多少北洋海軍英勇將士，更牽連到中國百年來的奇恥大辱！這段血淚歷史，塵封國人心中已久，今天又被赤裸裸的撕開。我的心裡再也「欣喜」不起來。參觀完畢後，又在放映室中觀賞當年北洋海軍與日軍的黃海大戰實況。海戰中看到我軍艦炮所用炮彈，居然有些是內裝砂石以取代火藥的假砲彈，因而造成全鑑官兵在緊要關頭，無砲彈可用而束手待斃，更令人髮指。總之，登上這艘戰艦，讓我們恍若跨越時空，百年往事歷歷在目；甲午英烈的事跡，鐵甲巨艦的雄風，黃海大戰的慘烈，都在這裡與我們相會。可嘆的是，當我們欣然登上重現的「定遠」艦，感受百年甲午風雲，傾聽「定遠」炮聲隆隆之餘，卻無處尋覓那些海戰中爲國捐軀的甲午英雄們！也無從滌除百餘年來炎黃子孫所蒙受的羞辱。步下軍艦之後，讓我悵然良久！也讓我一再的想，如果沒有佞臣們爲拍「馬屁」而挪用了建軍款；如果沒有貪官們偷天換日的混入了假砲彈，也許就沒有黃海大戰的慘敗、也許就沒有後來令華夏蒙羞的割地賠款，也許就沒有今天令人頭痛的台灣「統獨」問題了！奈何！

謹以「登『定遠』」爲題，成一小詩以記所感於下：

定遠重現喜登臨，
甲午英烈何處尋？
北洋慘敗緣於「屁」，
神州蒙羞禍到今！

附註：

註一：事見【史記、周本紀】

〇八年五月母親節於休士頓
見「英南週刊」六〇四期

定遠艦砲之一

定遠艦名原字

戰勝「自我」

茫茫人海志為帆　處處荊棘苦作甜——給孫輩的話

孩子們；恭喜你們！如今新學年度已經開始，看到你們都能健健康康、快快樂樂的走進自己的學校，並且高升一級，值得慶賀！尤其是你們之中應屆高中畢業的幾位，都能順利進入或在廣州、或在紐約、或在倫敦的理想大學，不僅值得恭賀，更是讓我感到欣慰！這表示你們在功課上，人生旅途上，已經有了努力的初步具體成果。按理說除了恭賀之外，我不應該再有所贅言！然而茫茫人海，生存已屬不易，要有所成就更是困難。現在你們之中，年長的既已進入大學，正是人生關鍵時刻。我常說：教養兒孫就像養花一樣，而今眼見春雨後的庭院百花將開，爲了讓日後的花開的更美、櫻桃更紅、芭蕉更綠，身爲祖父輩的我，不能不再次嘮叨幾句，希望你們能時加思考相互勉勵！

首先要及早確立你「將來要做什麼」的大目標。這就是一般人所謂的立「志」。這個大目標在初中或小學時，在家長和師長的協助下，你就可以逐漸認清自己的喜好和才智的傾向而確立。然後研擬未來人生的整體規劃。在這個整體規劃之下，再有階段性的目標，和達到這個階段性目標的有效近程規劃。這一點你們之中已經進入大學的，大致都做的很好。如果你仍在讀初、高中，你現在的主要階段性目標當然就是規劃作息，全力以赴考取你心目中的理想高中或大學，以及和你人生大目標相符合的科系。已經進入大學的，那你的階段性目標規劃就更形重要和寬廣；除了要唸好眼前的功課之外，還要爲你大學畢業後是就業，還是繼續攻讀碩、博士而早作適當的課程選讀。並且隨時利用空閒時間閱讀與你「將來要做什麼」那個大目標有關的書刊，並隨時用「筆記」記下你的特別心得。在與教授和同學間的互動上，不要忘了「吾日三省吾身」的內容：「爲人謀而不忠呼？與朋友交而不信呼？傳不習呼？」因爲「讀大學」不僅說明你已成年，行事必須自主而負責任，並且還表示你將來在社會上要有一番作爲。因此人際關係和學問一樣，也要逐漸開展，並要於人際中建立自我人格的提昇等等，都是你現階段要規劃和達成的心「志」目標。其實人的一生，幾乎日日、時時都有階段性的小目標要規劃要達成。譬如昨天新學的那段英文，心中早已決定要利用今日早餐前的那段時間背會等等。此一問題我們平日已經個別談得很多，而且假日我爲你們選讀的詩、詞、治家格言等等課外讀物，也都能如期背會。所以在此不再多談。

其次要培養你以苦爲樂、以苦爲甜的自然心態。世上的「苦」與「樂」不是絕對的，是「苦」、是「樂」往往決定於自己的心態感受。譬如你愛羽球，在一個難得的假日，遇到了棋逢敵手的好友，幾場拼殺之後，累的你汗流浹背、氣喘如牛，但是你會很開心、很快樂，覺得好久沒有打到幾場這樣過癮的球啦！如果你是被逼的，在「心態」上就是所謂「心不甘，情不願」的，就算像是隨父兄下田那樣有意義的工作，結果同樣是累的你「汗流浹背、氣喘如牛」，但是你會感覺很「苦」。當然如果把你轉換成「陶淵明」（註一），那你又會感到很開心、很快樂了。再者，很多成功的科學家，他們之所以成功，就是因爲他們感到最快樂、最享受的地方就是他的「工作室」，而不是「歡樂場」。當然，他們的先決條件是對自己的工作「喜歡」。像大外孫年初就申請到英國、美國兩個將來畢業後發展不同，工作性質也不同的大學。五月初我一到休士頓，他就忙著要我替他決定選擇那所大學。我的答覆很簡單：「你必須瞭解那所大學將來畢業後的發展方向，和工作性質是你真正喜歡的，你就選擇那所。」結果他自己選擇了英國的「牛津」，因爲這裡有他「喜歡」的發展方向。那就讓他打上一場快樂的「人生羽球」吧！總之，希望你們在自己選定「將來要做什麼」的大目標之下，不論在今後的人生道路上，碰到多少荊棘，遭遇多少艱難困苦，都能視之爲樂爲甜。那麼你這一生都會很「享受」，也必然會在各自的工作領域內有所「成就」。

最後要說的，也是最重要、最關鍵的，因爲少了「它」，前述兩點完全成了空話，甚至於連大學也不必唸啦！乾脆回家像「武大郎」一樣賣燒餅算啦！這個「它」是什麼呢？就是「戰勝自我」。老子說：「勝人者有力，自勝者強」。意思是說真正的「強者」是戰勝自己。所謂戰勝自己，不是把自己一拳打倒，而是將自己無法控制的「劣性」，由「自我克制」進而讓它完全「自然消失」。所謂「劣性」通常是指好怒、好貪、好衝動、好怯懦、好自我膨漲等等。如果你有其中的一項而不能「自我克制」的話，就很麻煩。如果你有其中幾項而任其發展的話，那麼你的人生將注定失敗！就拿「好怒」來說吧；兵法說：「怒不可以爲將」。如果你好怒，動不動爲了芝麻小事發脾氣，將來長大結婚之後，恐怕連你自己的小家庭都難以帶領得好，將何以進入社會成就一番事業？再說「好貪」；不要談什麼不得了的大貪啦，就算是一般人認爲是小事的貪玩、貪睡吧，有人入了大學，就因爲晚上貪玩電玩，早上貪睡起不來，誤了早課，次數多了被學校退學。你看！好不容易考上的大學，就這樣吹啦！如果你有此「毛病」而不能「戰勝自我」的話，難道去唸大學還要帶着媽媽，每天早上像中小學時代似的，叫你起床趕校車、看你的白眼嗎？總之，如果你有自己認爲無法控制的「劣性」，只能靠你自己下定決心，由「自我克制」開始，進而漸漸成爲習慣，久而久之讓它完全「自然消失」。這纔是真正「戰勝自我」。能如此，你將無往而不利！

總之，以上三點希望你們能「常在我心」。願你們在有計劃、有步驟、有方法的情況下，輕鬆、愉快，不過份勞累，也不輕易浪費時光的生活「享受」中，大步向你的人生大目標前進吧！當然，人生的一切並不能完全操之在我，但是我們只要先做到「盡人事」然後「聽天命」，至於是成、是敗、是得、是失，也就問心無愧對得起「今生」了！

以上的談話似乎太囉嗦，我把它歸納成四句小詩，以便你們記住。詩名就叫「給孫輩」吧！

茫茫人海志為帆，
處處荊棘苦作甜。
建功立業先自勝，
成敗得失自有天！

註一：晉陶淵明爲了「不爲五斗米折腰向鄉里小兒」辭官後歸隱田園，以早出晚歸的田園工作生活爲樂，「戴（帶）月荷鋤歸」是他開心快樂的時刻。

萬古愁篇

「韶華」不爲「少年」留

一

「下一位是60年畢業的謝某某！」主持放映的學長，聲音宏亮的叫到我的名字。於是我那四十六年前大學畢業紀念冊上的學士照片，立刻被放大投射在晚會正前方的大銀幕上。其大小比現場的「真人」還要大幾倍，在燈光全熄的場景下，顯得有點「光彩」奪目。雖然在人群中我一向自覺是「醜小鴨」一個，但對自己來說，面前的這位「影像少年」，卻是我一生中最「帥」的時刻。現在的「我」，面對睽違四十六年，但又似曾相識的這位少年時代的「我」，使我對李白的「光陰者，百代之過客，而浮生若夢」(註一)，有著更深刻的感悟！正沉思間，耳邊響起學長們「老謝！到前面說幾句！」的催促聲。於是我不由自主的走到前面，更語無倫次的問大家「帥不帥」？大家的回應是既禮貌、又響亮：「帥！帥透啦！」雖然這樣響亮的回應，在前面多位學長的「帥哥」「帥妹」照片出現時，一再重複，但我仍然覺得很「溫馨」。

因爲提醒了我，自己確曾年輕過。並且刹那間，好像讓我又回到了那個時代。

二

今年五月底，筆者追隨成功大學早期校友，一行四十餘人，往美國大西部旅遊。二十一日晚餐後，在住宿旅館大廳，開同樂晚會。主辦學長特別搜集到，此行所有同學，當年成大畢業紀念冊上的學士照片，在晚會上一一放大投影。「投影」到誰，請他一定要到前面亮亮相，來幾句「感言」。其實以我看，主要的是讓大家比一比，是他當年那個「帥妹」「帥哥」的模樣帥，還是他現在「帥奶奶」「帥爺爺」的模樣帥？想當年，一個個單槍匹馬，來美辛苦打拚，如今都是家庭美滿，事業成就非凡。可喜、可賀！但在身材上，當年如「林黛玉」、「頑皮豹」型的，而今也多半是「福」星高照，成就「偉大」非凡。這又是另外一種「帥」。似乎也是可喜、可賀的。我一面欣賞「帥妹」「帥哥」的「今」「昔」之「帥」。一面想到：此行四十多人，比我期別晚的只有丁家小兩口。旅途中遇到像搬礦泉水一類的粗重活，丁老弟總是和領隊學長搶著幹。是兩位難得的現代青年。當然，此行中也只有他們兩位尚能稱之爲「青年」。由於他倆與我和內人有03年同乘郵輪七日遊的機緣，所以特別熟悉，多次同桌用餐。因爲看他們活潑、矯健的身影，我就曾冒昧的在餐桌上問他：「你夫人有沒有三十七八歲」？丁老弟一本正經的說：「有。她成大畢業的那年正好八歲。」我立刻順口稱讚道：「那真是天才！」「那當然！爲了證明您謝學長的話沒有錯，她就非作八歲大學畢業的『天才』不可。因爲她成大畢業已經三十年了！」丁老弟的這番話，笑得我當時差點把嘴裡的飯都噴出來。現在想想，要照丁老弟這樣說來，我就非是四歲大學畢業的天才中的「天才」不可，因爲剛才還有學長向我說「你看起來像五十歲」呢！。再者，此行是以早我兩年畢業的58級學長爲主。而期別最長的是55級的傅學長，早我五年成大畢業。也就是說他畢業已經超過五十一年了。我看他神采奕奕，也像個五十來歲的人。如果照丁老弟的話說，那他更非得是一位，不滿週歲就從成大畢業的超級「天才」不可了。這樣論下來，我們成大可真要成爲「天才兒童」之家了。總之，那晚由於有主辦學長「投放老照片」的高招，讓大家樂得陶陶然，無酒而自醉，簡直都「忘了我是誰」？

三

這晚的同樂會，樂則夠樂。但回到房間，害得我思潮起伏，久久不能入眠。想到今生，有幸能與「抗戰」「內戰」這「偉大的時代」相糾纏，也是一種榮彩。在烽火連年中，童年失母，幼年隻身漂泊。整個「少年」時代的「我」，套句袁學長的佳言，似乎一直在「享受顛簸之樂」中度過。「成大」四年，更是我艱困中，滿塗着油彩的歲月。班內同學男男女女，雖不乏世家貴冑、將門虎女，但卻都是純真樸實，相處融洽。校園、港都、赤崁樓頭、安平古堡等，都曾留下我們的歡聲笑語、青春「倩影」。當年結伙騎腳踏車往尖山碑等景區旅遊，真是「傻勁」得可愛。剛才晚會上目睹「鄭、錢」兩位「班花」的昔日風采，也讓當年班友們的音、容、笑、貌，一一在腦海中浮現。尤其是同房間四年、書桌前常常凝神寫作的亞東兄；欲語先笑、口露金牙的清吉兄。無奈他們先後歸天已久。思之淒然！曹鼎兄不苟言笑，至今已然「帥」氣十足。當年詩體習作課上的「扁舟萬事輕」詩句，爲戴老師一再讚賞「境界高」！淺薄如我，至今方能略有所悟。再者，大一暑期曾與內人有段「奇緣」的傅、丁兩位「班花」，勤懇純樸、氣質高雅。惜此行均未能參與，內人唸之再三，殊爲憾恨！總之，當年種種，歷歷在目。成大畢業後，同學們出國的出國，教書的教書。我也撿起教鞭，忽天黑地了幾近半個世紀。終於成就了一個「塵滿面，鬢如霜」，皤皤一老翁的「我」。更是可喜可賀！

有時我在想，八九百年前的蘇東坡在他的「詞」裡，好像諸葛亮似的，早就隱隱約約算定了我的一生。那就是「——常恨此身非我有，何時忘卻營營？夜闌風靜縠紋平，小舟從此逝，江海寄餘生。」（註二）

附註：

註一：見李白「春夜宴桃李園序」。

註二：見蘇東坡「臨江仙」詞。

見〇六年七月十六日【美南週刊】

東籬把酒閒話「愁」

壹、屈子愁

余夫婦對休士頓來說，仍屬「過客」。五月底我們再次來到休市，不久趕上六月四日老協在僑教中心的端節聯歡會。節目開始，首先由晚晴詩文社長陳友堂先生向大家介紹他的新作「乙酉懷端午」。全詩二十字「深憐屈子愁，歲歲賽龍舟，萬眾呼聲裡，人人爭上游。」首句以「憐屈子愁」領起，末以「人人爭上游」作收。既懷端午、屈子，更勉華夏兒女力爭上游，一語雙關，寓意深遠。但該詩帶給筆者的啓示，實不止於此。當聽到「屈子愁」時，使我立刻聯想到李白的「——五花馬，千金裘。呼兒將出換美酒，與爾同消萬古愁。」（將進酒）這「萬古愁」，還要與大家同消，真是「愁」何其大！同時，更聯想到，千古以來，騷人墨客總是歡愉之詞少，而煩憂之詞多，爲什麼？屈子之愁，凡我華裔，幾人人耳熟能詳。那就是屈原曾兩次被放逐，皆因佞臣當道、屈原屢屢直諫，忠言逆耳，遭致家國阽危，悲慟絕望之餘，乃懷石投汨羅江自了。其心之苦，其「愁」之重、之深、之大，不言可喻。然斗酒百篇的詩仙李白，何來萬古之「愁」？再者，詩人詞人又「愁」何其多，値得一聊。

貳、詩人「愁」

談詩人，首當李白。白詩清逸高妙，天才英特，號稱詩仙。早年即得玄宗愛重，供奉翰林。白本應平步青雲，終身多歡欣、少愁苦。但因兩件關鍵事，造成他人生一切大逆轉。一是他當年正受玄宗信愛時，曾醉酒，當着玄宗的面，令高力士爲他脫靴。力士表面上不敢不從，而內心卻深以爲恥，當然，他在玄宗和楊貴妃耳邊吹了不少歪風，白爲官自然不成，乃遠離京城。二是在江州，永王璘辟爲府僚佐。璘起兵反，敗當誅。白雖未死，卻被長期流放夜郎。前者是他驁放個性惹來，後者是命運不濟，沒跟對人。兩者對李白來說雖是大不幸，但也讓後世的我們，因此有幸而能讀到他的好詩。如「鳳凰臺上鳳凰遊，鳳去臺空江自流。吳宮花草埋幽徑，晉代衣冠成古邱。三山半落青天外，二水中分白鷺洲。總爲浮雲能蔽日，長安不見使人愁。」（登金陵鳳凰臺）「浮雲能蔽日」既是寫景，也是寫心中所感。以「浮雲蔽日」喻君主總是被高力士，或後世的小李子一類的小人所蒙蔽，隱喻傳神。憂君、憂國、憂民之情，溢於言表。據說，李白這首詩，是有意與崔顥的黃鶴樓「——情川歷麗漢陽樹，芳草萋萋鸚鵡洲。日暮鄉關何處是，煙波江上使人愁」打對台。不但所寫景物相似；一是武昌江邊的黃鶴樓，一是金陵江邊的鳳凰臺。用韻亦同，又全以「使人愁」作收。不過，崔詩寫的是鄉愁而已。再如白詩「白髮三千丈，緣愁似個長。不知明鏡裡，何處得秋霜。」（秋蒲歌）及「——抽刀斷水水更流，舉杯消愁愁更愁。人生在世不稱意，明朝散髮弄扁舟。」（宣州謝朓樓餞別校書叔雲）以及前文所述的「——與爾同消萬古愁」等等。都是千古名「愁」！再說詩聖杜甫，雖然沒有遇到如高力士、永王璘一類的倒楣事，但是他比李白小十一歲，中年（約四十多）即碰上安史大亂，人民顛沛流離，他也追隨玄宗逃往四川。在長年動亂的大局中，歷盡也看盡人間悲苦。因此，杜甫詩風充滿憂鬱、悽苦、悲憫之情。不過濃愁內蘊，甚少用「愁」字直接表達。他卻用「——烽火連三月，家書抵萬金。白頭搔更短，渾欲不勝簪。」（春望）表示他對戰亂的無奈。以「——君不見青海頭，古來白骨無人收？新鬼煩冤舊鬼哭，天陰雨溼聲啾啾。」（兵車行）表達他對戰爭的痛恨。用「——炙手可熱勢絕倫，慎莫近前丞相嗔。」（麗人行）表示他對權勢的憎惡。從「——跨馬出郊時極目，不堪人事日蕭條。」

（野望）詩中，可以看到他對蒼生的悲憫。從「——名豈文章著？官應老病休。飄飄何所似，天地一沙鷗。」（旅夜書懷）及「——萬里悲秋常作客，百年多病獨登臺。艱難苦恨繁霜鬢，潦倒新停濁酒杯。」（登高）中，看到他的自悲、自苦。詩內雖也偶有「愁」字，如「——蜀酒禁愁得，無錢何處賒？」（草堂即事）也不似白詩之濃重直接。總之，寫內心之苦之愁而少著「愁」字，是詩仙詩聖表達悲情哀思的小異而已。當然，詩仙詩聖也有過極爲歡樂的時刻，如當李白流放夜郎，來到三峽巫山，接到皇上赦令時，喜下江陵，寫道「朝辭白帝彩雲間，千里江陵一日還。兩岸猿聲啼不住，輕舟已過萬重山。」（下江陵）此時，詩人的心和詩人的船一樣，飄飄然一瀉千里。喜悅之情，躍然詩上。再如杜甫，安史之亂，流落西南，突然聽到官兵收復薊北，這樣子他可以回家了。狂喜之下寫道「劍外忽傳收薊北，初聞涕流滿衣裳。卻看妻子愁何在？漫捲詩書喜欲狂。——即從巴峽穿巫峽，便下襄陽向洛陽。」（聞官軍收河南河北）他是襄陽人，這種「喜欲狂」，很像抗戰時，我軍民苦撐八年，突然聽到日本無條件投降的感受。可惜，這些喜悅都是短暫的！其他如張繼的「月落烏啼霜滿天，江楓漁火對愁眠。姑蘇城外寒山寺，夜半鐘聲到客船。」（楓橋夜泊）及杜牧的「旅館無良伴，凝情自悄然。寒燈思舊事，斷雁警愁眠。——」（旅宿）你可以想像到，兩個老頭，爲「愁」而不能入睡的可憐像。再如孟浩然的「移舟泊煙渚，日暮客愁新。野曠天低樹，江清月近人。」（宿建德江）

秋瑾的「秋風秋雨愁煞人」等都是「愁」情名句。

參、詞人「愁」

詞人首推詞帝、詞后。詞帝是指南唐後主李煜。他是亡國之君。亡國是他人生，也是詞作的分界點。之前，稱前期詞，多宮廷兒女歡愉之情。之後，爲後期詞，充滿亡國之悔、之痛、之苦。如「四十年來家國，三千里地山河。鳳閣龍樓連霄漢，玉樹瓊枝作煙蘿，幾曾識干戈？——」（破陣子）恨自己不知保護家國。又如「——獨自莫凭欄，無限江山，別時容易見時難。流水落花春去也，天上人間。」（浪淘沙）「別來春半，觸目愁腸斷。——」（清平樂）都是字字悔恨。再如「春花秋月何時了，往事知多少？小樓昨夜又東風，故國不堪回首月明中。——問君能有幾多愁，恰似一江春水向東流。」（虞美人）更是真摯、深沉，他內心的苦痛，幾乎到了不可忍受的程度。據說，大宋皇帝老子，就是因爲看到他的「小樓昨夜又東風」，以爲他有復國之念，因爲南唐就在後主現在所在地的東南方，認爲後主與故國舊人可能有來往，這才下定決心，在後主生日宴會時，用牽機藥將他毒死的。因此，亡國使李煜失去國家，使他悔恨痛苦終生。但卻將他「詞」的造詣、境界推至最高點，令他得到詞帝冠冕。因爲他是在以生命寫詞。詞后是指女詞人易安居士李清照。她與之前的李白、李後主，曾被沈東江合稱詞家三李。才情橫溢，詞主婉約。二十一歲嫁趙明誠，伉儷情篤，詞多歡愉之情。然此後明誠爲官在外，離多聚少。她五十歲時明誠又病死赴任途中，更無兒女。因此，她後半生的詞裡，滿是思念情愁。關於詞后一生的歡愉與愁苦詞作詳見本書「楊柳陰中訪詞后」篇，請參閱。其他如辛棄疾的「——記前時送春歸後，把春波都釀作一江醇酎；約清愁，楊柳岸邊相候。」（粉蝶兒）又「——君不見玉環飛燕皆塵土？閒愁最苦。休去倚危欄，斜陽正在，煙柳斷腸處。」（摸魚兒）都是愁思妙詞。

肆、無「愁」

紙短「愁」長。因此，僅舉以上詩詞例，以供讀者茶餘飯後閒聊資料而已。其實人既生而爲人，有血肉，有思想（其他動物應該也有思想，但決不可能如人之深遠。）有歡樂，也必然有煩憂、愁苦。尤其是一個讀書人，除人人都有的生離死別之苦，愛恨情愁之痛外，還有「居廟堂之高則憂其民，處江湖之遠則憂其君」（范仲淹岳陽樓記）的包袱壓頂。再加上人生苦短，時不我與，所以總是「愁」字纏身。雖然歷代文士所愁之內容與方向各有偏重，如李後主之「愁」重在亡國之痛，李清照卻重在思念情「愁」，但大致都是多因素的。尤其是李白的「萬古愁」，更是總體的。不然他也不會與大家同消這個萬古之「愁」了。總之，「愁」與人生既然總是如影隨形，揮之不去。那要想無「愁」，用酒「與爾同消」，是消不了的，李白自己不也說「借酒消愁愁更愁」嗎？因此，筆者管見，要無「愁」只有兩個辦法；一個是當你有能力、有精神的時候，就要勇敢的迎上去，盡己之力，爲蒼生、爲家國解除「愁」苦。二是當你無能爲力時，只有暫時把它擺到一邊，不然，就算你懷石自沉太平洋，又奈「愁」何？一代梟雄曹阿滿（曹操），對這「萬古愁」似乎也沒有多少好辦法，只有自唱：「對酒當歌，人生幾何，譬如朝露，去日苦多！」（短歌行）的份。筆者有一位令人敬重的學長，他常說：「我常想一二，不想八九。因爲人生歡欣事一二而已」。真是樂觀豁達，已經看透人生了。的確，人生不如意者十之八九，多想何用？因此，筆者集前人接近語體「詞」句，無愁字者，勉強成「集句新詩」一首，題名爲「無愁」以自嘲：

無「愁」（集句）

世事一場大夢，

人生幾度新涼。（註一）
客舍似家，家似寄。（註二）
何處望神州？（註三）
白髮空垂三千丈！（註四）

＊　＊

一竿風月，一簑煙雨。（註五）
詞韻窄，酒杯長。（註六）
醉弄扁舟，
不怕黏天浪！（註七）

附註：

註一：蘇軾（西江月）
註二：劉克莊（玉樓春）
註三：辛棄疾（南鄉子）。
註四：辛棄疾（賀薪郎）。

註五：陸游（鵲橋仙）。
註六：吳文英（夜合花）。
註七：陸游（點降唇）。

見〇五年七月十七日【美南週刊】

風沙澎湖懷故人

人間離散太匆匆　天庭相聚何緩緩

一、前　言

拙作「心歸何處」九月十一日於美南週刊發表。拿到週刊後，順手翻閱至十四頁，眼前突然一閃，在一篇「哈佛歸來」兩岸作家的合照上，居然看到了王尙義胞妹王尙勤。照片不大，再經過報紙翻印，雖然顯得有些模糊，但從她的面貌上，仍可看到她哥哥的影子。驚欣之餘，也推開了我塵封已久的記憶之窗，想起已辭世幾十年的老友王尙義，以及五十多年前與難友們患難與共的風沙澎湖島。

二、二十世紀的文傑王勃

王尙義一直是我引以爲傲的初中時代老友。也是我心中二十世紀的文傑王勃。文質彬彬，天才橫溢。雖然在世只有二十六年的短暫時光，卻留下了「野鴿子的黃昏」「野百合花」「狂流」等等六七部極具文學價值的作品。有的銷售達四十多版，且搬上銀幕拍成電影。王勃是初唐文壇四傑之一，得年二十九歲。如果上天再多給王尙義三年，能與王勃同歲的話，那麼他在文學上比王勃將更能放射出燦爛的光芒。因爲他台大醫學院一畢業，生命即告結束，他的文學著作全是在繁重課業夾縫中，憑藉興趣和天才擠出來的。奈何！

二、風沙澎湖島

澎湖是台灣省的一個縣，也是台灣與福建中間的一個群島。一九四九年神州震盪，國府遷台。六、七月間以山東學生爲主的八個流亡中學，先後集於此島。學生全屬隻身隨校來的，大男生編入部隊，小男生和女同學一批批集中澎湖馬公國小。比難民還難民的學生，教室內、過道上，就地躺臥。每天由澎防部送來幾桶飯菜，往操場上一擺，大家一擁而上，搶到的是福分，搶不到的只好下次請早。餓極了到海邊摸螺絲、抓螃蟹，撿個罐頭盒就地煮來拉饞。九月初各聯中編餘學生匯齊，約千餘人借馬小部分教室成立「防校」。筆者自該校初一讀起。「防校」雖名爲學校，除了編制和管理上粗具規模外，實質上並無任何設施。教室是借來的，教室裡除了牆上的黑板，其他一無所有。同學們將自帶的行囊遵照老師指示，就地分排鋪上，晚上睡覺，白天將行李捲起，坐在上面，面向黑板上課。初無課本，後來兩人一套。寫字全靠約半公尺見方的小圖板。最痛苦的是開課後吃飯仍然經常要用搶的，筆者當時身高一米三，體重三十四公斤（開課後簡單體檢的記錄），是屬於弱小族類，常常被擠倒或壓在地上。有人就曾被一碗熱飯卡在頭上，到今天那個主要部位仍是紅紅一片，長不出毛來。不過一年後水泥地上多了層榻榻米，不但可睡可坐，更可以趴着、歪着下相棋聊天。讓我們偷笑了好一陣子。

馬公是澎湖最大島，屬於平坦的丘陵地，土地乾旱、少樹（樹多躲在房前，頂部全被海風修剪成與房頂等高的小平頭），農作物以花生地瓜等旱地作物爲主。秋收後海邊抓蟹子太冷，地瓜花生田的殘餘寶物，是我們營養來源的一部分。不過此時原野空曠，澎湖原本多風，秋冬風勢尤其強勁，再加上那個時代的澎湖，仍屬貧困、落後，不但房舍低矮老舊，路面也多屬原始，有的鋪上海沙或碎珊瑚，不論是強風吹起或卡車馳過，都會讓你風沙撲頭蓋臉。如果是冬季的話，有時風勢超強會把你吹離路面，那刺骨的寒氣還會讓你抖個不停。此時如果你在花生地裡，正在享受費了半天功夫才找到的寶貝時，你可能會和著滿臉滿嘴沙土一齊吞下去。吃飯時這種現像更是常事，因爲我們在澎湖三年多，開飯一直是在，以籃天白雲爲頂，黃沙綠地爲席的世界最大天然餐廳裡。因此記憶中的澎湖，總是寒風刺骨，狂沙滿天的。

總之，三年多的澎湖「防校」時代，就在這無桌椅、無設施、飢寒交迫中度過。不幸的是，後兩年被王尙義、荊玉浩他們一腳趕上。

三、雁陣裡的「小天鵝」

與王尙義首次見面是五零年秋後的一個下午，我正在初二一教室歪臥在榻榻米上與同學下相棋，一不小心被對手偷吃一子，對方將棋子抓在手上，就是不放，我只好認啦！這時身後突然傳出陌生而細微的聲音：「你真大方！」我回頭一看，原來是從香港新到我班的小美少年王尙義。伴他來的是同班剛來不久的荊玉浩。也許我是他到我班除了玉浩之外，第一個碰到，又是年齡極爲接近的人，所以此後我們三個有段非常愉快、自然、而又有些不同於其他同學的相處。因爲我和其他同學們下海下田找吃找喝、赤腳玩球、閒來無事叫花隊似的，口袋空空馬公街上閒逛、碼頭看大船等等，都很難看到他倆的影子。因爲他們倆澎湖都有家，週末多半回家。我們的情誼幾乎完全建立在下棋聊天上。課餘飯後不論是教室前的台階上，操場邊的幾塊石頭上，坐下來一聊就是大半天。尙義文質彬彬，智慧健談；玉浩嬌小健碩，能說善道；而我則面黃肌瘦，弱小如病號。同學們常戲呼我爲「野鹿」（yellow）。閒談間玉浩總是頑皮的張口「野鹿」，閉口「野鹿」，而尙義則是一本正經的秀文兄長，秀文兄短。我們的談天總是海闊天空，不着邊際。也許是臭味相投吧！我們三個小男生的胡扯好像成了習慣。現在想想尙義的文才，早已表露在他的言談辭峯上。日後他在演講、演話劇、以及文學上的種種突出成就，顯然都是順理成章的。只是當時的我年小不察而已。至於我的個性一直是外貌懶散文靜，而內心卻是思潮起伏波濤洶湧的。那時我的小腦袋裡，常把我們這些因避戰亂而遠離故土的難兄難弟，看作一群群南飛的雁。所謂「雁陣驚寒，聲斷衡陽之埔」（註一）。而我們「雁陣」卻至衡陽回雁峰仍不得止，終齊集澎湖。因而那時我在澎湖「建國日報」發表小玩意時，筆名就用「雁」或「寒雁」。把澎湖有家、衣著整潔、眉清目秀的尙義、玉浩他們祇爲雁陣裡突然飛進來的「小天鵝」。「小天鵝」的飛入，對我來說當然是段可喜的機遇，但對他們似乎有點『落難』的不公平。因爲與我校同時的「馬公中學」就是一所正常中學。難怪王伯母在「我的義兒」（註二）中，心痛的說：「三十九（一九五〇）年底我們到台灣，最初住在澎湖島。——收入不多，只得把義兒送進流亡中學——這個學校都是無家的流浪者，每天兩頓糙米飯，吃不飽、穿不暖。他在學校裡冬天除了一件舊毛衣和單制服外，沒有別的禦寒之物，每次回來都是凍得手腳冰冷，嘴唇發紫，每頓的糙米飯要搶着吃，他常餓得胃痛。別的同學比他更可憐——」。

四、人間離散太匆匆

我們三個「苦難」中的快樂相處，只有一年多的時光而已。初三下我因病住病號室而留級一年。高中遷校員林，與他倆位已不同年級，又各自忙於升學，接觸日少。大學時代他們在北我在台南，幾乎全無來往（像我們流亡學校出身，隻身在台的學生多屬半工半讀，各自窮忙。除非大學同校，難有來往。）大家總覺得來日方常。沒想到畢業不久，他們倆即先後辭世。尚義兄病肝，輾轉床第，走得令人心酸；玉浩兄英文好，任空中少爺，飛機出事，走得轟轟烈烈。他們就這樣一去數十年，如今我面對報上這似曾相識的模糊影像，面對蒼茫、悲涼的往事，情何以堪！不禁長嘆：

人間離散太匆匆，
天庭相聚何緩緩？
自慚皤皤一老翁，
羞對翩翩兩少年。

附註：

註一：見王勃滕王閣序。

註二：「我的義兒」見王尚義遺著「野鴿子的黃昏」附錄篇。

見〇五年十一月二十日【美南週刊】

願「淒風苦雨」化爲「玉樹亭亭」

——為懷念我女謝馨而作

一、暴風雨中的寧靜

八月初的台灣，颱風連連。暴風雨中我們將飽受肝癌病痛折磨的馨兒，送進高雄民生醫院。馨兒自發現病症以來，一直意志堅強，無奈近兩個月來腹水不消，苦不堪言。住院後有醫護照料，情勢較爲緩和。十五日下午她遠在廣東的大女兒來到，會同她另外兩個女兒和家人，齊集病榻前。此時的馨兒，看來神智清醒，心情相當愉快，但少言語。沒想到這晚深夜突接電話，馨兒情況不穩，我和內人立刻起身，驅車前往。此時仰望夜空風雨停息，天地間似乎特別顯現出暴風雨後的寧靜，我們心中已有不尋常的預感。趕到時，女婿迎面告訴我們，馨兒已先我們二十分鐘走了！馨兒阿！我們現在才知道這幾天妳強忍病痛是爲了等待妳的孩子。更瞭解妳先我們而去，那是有意避開我們。因爲妳知道，孝順的孩子「走」時，是不讓父母看到的！孩子！妳的乖巧，讓我們更加心痛阿！妳知道嗎？！

在馨兒的追思禮拜中，我面對面前一張張，放大放映的馨兒生活照；看到她小時和弟弟妹妹親密的樣子；看到她和全家一起時，天真的笑容；看到她三育基督書院畢業典禮時，穿著學士服和師長、和父母、和同學一起歡欣愉悅的情景；看到她北京旅遊，與夫婿戲著乾隆帝后盛裝時，神采飛揚的模樣；看到她與丈夫與孩子們或家居、或出遊，臉上總是洋溢着幸福、滿足和母愛的光輝。這一幕幕、一景景，讓我深知馨兒就在我的面前，好像在向我們微笑、好像在向着我們叫：「爸媽！我在這兒！我很好！」然而，當我淚眼少移，看到十字架後面馨兒的白綾棺，聽到周牧師的追思證道，我不得不告訴自己；馨兒走了！

乖巧的馨兒已經走了！走在連日暴風雨後的一個寧靜夜晚——主後二〇〇七年八月十六日凌晨三點。

開朗勇敢的馨兒走了！走的平靜而安詳。從此遠離強忍幾近兩年的病痛折磨。從此也超脫了塵世的苦難與紛擾！

善良的馨兒走了！三歲時，爲悲苦的電影情節，她淚流滿面。初中時，爲家中小狗夜間被歹徒綁走的慘叫，她痛哭失聲！

心中充滿基督大愛的馨兒走了！爲愛，她放棄自己的留學夢想，持家育女，無怨無惑。

爲愛，她大病中一再安慰身邊的親人，說她快樂、她幸福、她驕傲、她感激、她珍惜，不要爲她悲傷、不要爲她流淚！

馨兒是真的走了！馨兒從此安息天家！

二、願「淒風苦雨」化為「玉樹亭亭」

我女謝馨是我家的老大。出生於一九六一年三月，也就是我與內人婚後的第二年。當時我尚在軍中服預官役，不久退伍。爲了工作，那一年我們曾抱着馨兒搬家三次。那個年代國家經濟尚未起飛，家中一切簡陋，生活貧困，工作忙碌，又無長輩伸手相助。再加上初爲人父人母的我們，育兒經驗不足；記得她出生一個多月時，面色發黃。好心的隣居告訴我們，孩子可能得了黃膽。我們趕快看醫生，醫生責怪我們說：「那裡是黃膽！是餓得！一定是母奶不夠，回去趕快給她吃奶粉！」奶粉吃了，營養夠了，馨兒撿回一命。我預官退伍開始教書時，馨兒不滿半歲，三人暫住學校單身宿舍。當時請不到人照顧馨兒，內人一大早要趕車通勤上課，晚上方能回來。我不得不一面看守馨兒，一面處理學生作業。但是上課鈴聲響起不能不去上課，這時我只好趁馨兒睡了，或玩得高興時，悄悄的把門掩上溜走。好在教室很近，不過一堂課之後回來，往往不是老遠就聽到她悲慘的哭聲，就是見她滿臉淚痕的睡了。總之，在那個年代，在那種環境，我們讓馨兒在物質上、照顧上，都承受了極大的委屈。

現在想想，我與內人當年全是成長於大局動盪的「悽風苦雨」之中。很不幸的是，我們那「淒風苦雨」的日子，被馨兒一步趕上。如今馨兒走了！帶著我們對她的無限歉意走了！所幸她留下了三個和她一樣乖巧、聰明，正在高、初中就讀的女兒。這也是讓她最欣慰、最放心不下的。所謂「落英不是無情物，化作春泥更護花」。但願在馨兒「在天之靈」的護祐下，讓兩代的「淒風苦雨」，能在她的三個孩子身上化爲「玉樹亭亭」！

三、人生！人生！

人生！人生！人生究竟是什麼？究竟意義何在？馨兒在我和內人最忙碌的時候，匆匆忙忙的來到我家、來到世上，如今又匆匆忙忙的走了，在世四十六年。現在我和內人也都七十多了。回首這幾十年的時光，不知道那是漫長的哪？還是短暫的？只覺得那像一場夢幻。再也無法重回夢境的「夢幻」，這「夢幻」好像就在昨天。莊子看人生，他認爲「生」與「死」是一樣的；「長壽」與「早逝」也是沒有什麼不同的（註一）。而王羲之卻認爲這「一死生」、「齊彭殤」的看法，是「虛誕」、是「妄作」（註二）的。我實在弄不清楚他們是誰對？誰錯？但我確知，我們都是世間的一位「過客」而已。馨兒阿！爸爸媽媽「客」居世間久了，也老了、累了、倦了！不會讓妳在天上等待太久，我們就會與妳團聚的！

附註：

註一：【莊子】齊物論：「予惡乎知說生之非惑邪？予惡乎知惡死之非弱喪而不知歸者邪？」
齊物論又說：「莫壽於殤子，而彭祖爲夭。」

註二：王羲之【籣亭集序】：「固知一死生爲虛誕，齊彭殤爲妄作。」

見○七年九月三十日【美南週刊】

敬悼先行告別這「偉大時代」的「老」友們

六月十四日上午筆者與內人又連袂送走了一位好友，她就是與我們相識時日雖短，而情感至深如老友的李夫人——胡青芝女士。

當日我們提前進入安息聚會禮堂。面對堂內滿布的鮮花；面對正面牆上高掛兩邊，代表青芝女士一生榮耀的輓聯——「將門虎女人師表作育英才，賢妻良母神憐愛永享主懷」；面對胡青芝女士的遺照、遺容，內人幾近痛哭失聲，入座後久久仍不能自已。我本欲勸慰，但轉心一想「哭吧！還是讓她哭吧！最好回家再放聲大哭一場！以舒緩她心中過重的悲痛壓抑。」我知道，一則內人無法接受面前的現實；去歲春節後，我們兩對夫婦在台灣還結伴遊墾丁，眼見青芝女士的喜樂健朗；今年六月五日青芝女士過世前幾天，我們還和朋友一起包餃子，聽她談笑風生。沒想到，就這樣幾天工夫，上蒼竟然讓我們面對如此的場景，真是情何以堪？再者，近年來我們內心也過度承受了，再再送走台、美兩邊親人和老友的傷痛，已經讓內人無法克制！

回想余夫婦於零二年，以近古稀之身來到休士頓。六、七年間，於旅遊、歌唱、打球等等各種活動中，結識了不少新好友。這些好友中，過從較密、較能談得來的，往往是年相若、性相近、共同走過抗戰、內戰、海峽兩岸，那段艱辛歲月，那個「偉大時代」的「老」人。連共同的喜好也大致類似，譬如愛談往論今、愛玩笑自嘲，不論是在乒乓室裡、旅遊途中、或餐桌上，往往為了一件有「共鳴」的悲愴往事，讓大家唏嘘良久；一個風雅幽默的笑話，而惹得大家前仰後合。在音樂上更是特別愛聽、愛唱老歌。因此以老歌、「老」人為主的「百齡」合唱團友，數年來不僅是內人的歌唱伙伴，也多是我們夫婦共同的好友。這是我們的光榮，也是我們的快樂所在。然而近來這種濃密的友情，卻成為我們言談間感傷的泉源。像老人協會前會長張子平先生(也是我們山東老鄉長)，在我們來休士頓不久就與世長辭！再如「百齡」團友張迪義先生，大前年為了「百齡」盛大演出，迪義兄還親自開車接我們到他 Shops Town 近處的公寓家中，和住在那兒的其他團友一同練唱，如今迪義兄也早已超脫塵世。尤其是想到多年來「百齡」合唱團登台演唱時，常常伴在內人身旁的團友、好友，一一離她而去，叫她無法接受；如經常排在她右邊的歌唱伙伴，陸宜芳女士前年已「永享主懷」！左邊的彭瑪琳女士去年已「步上天庭」！後邊的譚觀蕙女士也已「安息天家」！內人想到她們，每每不禁悲從中來，淚濕衣襟。再者，我們每半年回台灣小住數月，在那兒原有更多相處幾十年的老友們，如今也日漸凋零。情況和此地頗爲類似，有時我們正巧趕上，可以送老友人生最後一程，有的連這個願望也來不及達成，就一別千古。再加上去年八月剛剛送走長女，如今來休士頓不久又進靈堂、送好友，不但內人心中無法承受，就連我自己也無法接受、也無法按捺內心的悽愴！

唉！有人說：「人是可憐的動物！」這話不假，其他動物多是終生懵懵懂懂，不太瞭解生命的短促；不太感受得到生離死別的傷痛，就算有些動物能夠感受得到，似乎也決不如人類的強烈。人明明知道「生、老、病、死」乃人生之必然；明明知道人生「修短隨化，終期於盡」（註一）純屬自然之理。就算是貴爲帝王、權傾天下的秦皇、漢武也無法改變這種「自然」「必然」之理。但實質上，幾人能真正等閒視之、淡然處之？瀟灑如「斗酒百篇」的詩仙李白，一代梟雄的曹阿滿均曾發出苦痛的悲鳴和感慨（註二）。淺薄如余夫婦，眼見親人、老友相繼離我們而遠去，能不泫然而涕下？！；面對自己垂垂老矣的晚景，能不暗然而神傷？！奈何！

附註：

註一：見晉王羲之【蘭亭集序】。

註二：魏曹操【短歌行】：「對酒當歌，人生幾何？譬如朝露，去日苦多。」李白【將進酒】：「五花馬，千金裘，呼兒將出換美酒，與爾同銷萬古愁！」

歸故鄉

——從今而後歸來更似「遼東鶴」

故鄉形貌已非，人民舉目皆新。

今年是怎麼啦？

今春回台灣，農曆年前後，電話中得知山東老家二弟秀斌罹患喉頭癌，據說發現時已是末期，而今已食不能下嚥，全靠流體食物暨營養針劑維持生命。我聽到後心中悲痛之餘，遂決定打破原訂三、四月清明節前後，回家鄉掃墓探親的計畫，提前回去，越快越好，並立刻趕辦台胞簽證、訂機票。待一切籌畫略具規模後，於是打電話給二弟長子廣超，告訴他：「我十日之內一定回到老家。」我話剛說完，他立刻向我說：「大姑前幾天又因心臟病住院，我現在正在醫院看她，情況也很不好！」他所稱的「大姑」就是我的大妹秀榮。言談間，廣超哽咽幾不能成聲。一陣沉默之後，他聲音顫抖的說：「不知今年是怎麼啦！？」是的！「今年是怎麼啦?」掛上電話後,這句話在我突然被淨空的腦海裡一再反覆自問。

二月十二日上午,這返鄉的時刻,在多日焦急等待中終於來到,我似乎在茫茫然中被送到機場,又在茫茫然中登上高雄往北京的飛機。飛機升空了,我的心也隨著飛機在騰雲駕霧。雖然我明白,不久我又將「過客」似的回到闊別六十多年的故鄉,然而此刻的我,不但沒有已往「歸故鄉」的激情與喜悅,甚至於弄不清楚自己的心情是悲、是喜、是哀、是愁!好像又回復當年十四歲隻身「少小離家」時,那種「心中木然、前途茫然」的無奈感。這也許是又將面臨人生「悲歡離合」大轉捩點的預感吧!及至北京,更驚悉大真大姐(內人胞姊)已病重住院多時,於是我們在大平妹(內人胞妹)賢伉儷的引導下,急奔醫院探視,沒有想到見面時大姐已至不能「相認」的境地,奈何!於是我們強忍住悲傷,星夜乘火車趕赴山東老家。祈求上帝保佑,在我與胞弟胞妹會面時,能賜給我們較探視大真大姐時更爲「恩賜」的場面!上了火車,我不禁又無奈的問起自己「今年到底是怎麼啦」?!

往事歷歷

火車在黑夜中匆匆前行,一站又一站。窗內窗外忽明忽暗,景色似真似幻。恍惚中想到病危的大妹秀榮、二弟秀斌。也因此想到了六七十年前的老家,我對那時的「家」記憶極爲模糊，最早的記憶似乎是從母親被大黑漆棺材抬出家門開始。那時的我只有五、六歲，秀榮妹妹三、四歲，不知道什麼叫做「生死」，也不懂什麼叫做「哀傷」，只知道我被大伯父家的哥哥抱著，將母親送到「鳳凰窩」老林，從此母親變成了一堆土墳。自從母親走後，家裡吃飯的情形變了。當年的家鄉沒有正式餐館，只有賣燒餅、饅頭、煎餅的。父親常常令我到街北頭買些燒餅、饅頭，到茶爐子上買壺開水，有時父親清閒時親自下廚做些菜，但多半時間是父親妹妹和我三個人就著鹹菜疙瘩大啃。家父是中醫師，有時他出外給人看病時，二大爺常常叫我拉著妹妹到他們家去吃飯。當然，有時父親臨時出門，二大爺不知道；或天晚啦不方便過去，我就去買壺開水，將家裡的剩饅頭，或乾煎餅用開水泡了加些鹽，和妹妹分著吃。直到我九歲時，大紅花轎將王氏母親抬進家門後，這才安安穩穩的在家裡有菜飯可吃，晚上我、妹妹和新娘子母親、父親四人同睡在一張大新床上，長輩們說這是「同床各被窩」。從此讓我和秀榮結束了那段早期的半流浪生活。想到王氏母親當時年齡只不過十七、八歲，雖然如此，但卻精明能幹。自到我家，全家大小四口吃的、穿的，一切家務全靠她一人料理，尤其是次年生了二弟，再三年生了二妹，她既要一手照顧孩子，又要一手料理全家吃穿，實在不容易，真真讓我至今感念不已。記得二弟出生後，她到街北頭井崖提水，幾乎每次都是用跑的。冬天她經常叫我到村北官道上收集些細土，晚上在床前生盆火，我在一旁照料火，王氏母親就著火，給小秀斌弟弟換土褲子尿布過夜。之後秀斌弟弟漸漸長大了，冬天穿著開襠棉褲，花袍子，戴著虎頭帽子跟我到處跑；夏季光著腚（屁股），肚子上圍個小圍兜兜，常常跟我到東沙河裡去玩水。現在想想，那六、七十年前的往事，歷歷如新，恍似眼前一夢。夢醒了，睜開眼，天色已亮，不久火車到了薛城（原名臨城，我離家後改名薛城，距我家數十華里。）站。廣超已備車相候多時，於是我們匆匆趕赴薛城二弟居處。與二弟見面時，王氏母親也在，她老人家已是快九十的人了，霜鬢華髮，身體清癯健朗；二弟雖與喉癌病魔纏鬥已久，但看起來精神還好，講話雖偶有沙啞，聽起來還算清晰，不過要時時飲水潤喉。我們兄弟母子在此情此景相會，真是感慨萬千、悲喜雜陳！談起當年，我隻身離家遠走時，年方十四。七、八年後，父親在老家過世時，二弟年齡也正是十四、五歲，這也許是上天有意歷練我們兄弟兩個，而刻意如此安排吧！當時大妹已出嫁，二弟就是家裡最大的孩子。從此我在外浪跡天涯；二弟在老家下礦窯、幹苦力，照顧母親和五個小弟妹。就這樣轉眼幾十年過去啦，雖然我們老兄弟倆，沒有什麼了不起的成就，但今天能夠看到，老母康泰、兄弟姐妹安好和樂、兒孫滿堂個個正幹，總算對得起咱天上的爹娘和祖先了！說到這兒，彼此老淚縱橫，泣不成聲。早餐後往棗莊市醫院看大妹，她已病容滿面、起坐困難，但神志尚清醒，我們相對唏噓，不禁淒然淚下！奈何！

三天後我和內人離開家鄉返台，四月底來休士頓。而今大真大姐、秀榮大妹、秀斌二第，均先後歸天。我都未及一一回去送他們最後一程，只能遙望故國，感嘆人生無常而已！

從今而後歸鄉更似「遼東鶴」

所謂「遼東鶴」是晉陶潛【搜神後記】中的一個小故事。

【搜神後記】中說：「丁令威本遼東人，學道於靈虛山，後化鶴歸遼，集城門華表柱。時有少年舉弓欲射之，鶴乃飛，徘徊空中而言曰：『有鳥有鳥丁令威，去家千年今始歸，城郭如故人民非，何不學仙塚壘壘？』遂高上沖天。」

這個故事給予我極大的感慨。雖然我不像丁令威那樣「去家千年」，但去家也超過一甲子；雖然近幾年也曾回去過幾次，但每次歸來，心中總有「化鶴歸遼」的感受。因爲所見家鄉形貌全非，家父幾十年前過世，家中弟弟、妹妹七人，侄輩、孫輩數十人，除了大妹、二弟、二妹（當年只有一、二歲）外幾乎舉目皆新。如今大妹秀榮、二弟秀斌又先後棄我而去，去一個比我當年所去更遠更遠的遠方，真是讓我情何以堪！因此我更深刻的感受到：

從今而後，
歸鄉更似「遼東鶴」。

故鄉城郭形貌已非，
人民親族舉目皆新。
憑誰識；
六十年前「遠遊人」？
幸有堂上白髮蒼蒼
——王氏老母親！

見〇九年七月十九日六六四期【美南週刊】

大千世界篇

一船歡笑情似火、萬載冰山熔爲川

——破冰之旅

夕陽無限好

「破冰之旅」是我們畢業四十四年的大學同班同學，會於美國西雅圖，乘 PRINCESS 號郵輪赴 ALASKA 的海上浪漫之旅。

我們成大第一屆中國文學系一九六〇年畢業，至千禧年正滿四十年。當初畢業時有「班花」十六朵，俊男十一人，經過四十年的歲月洗禮「班花」朵朵在，但俊男卻三位已步上天庭。班友們在電話裡聽起來，個個聲音似當年，但每當我面對鏡子裡的那個用多少肥皂洗也洗不淨，用多大力氣按也按不平整的臉，心中總是自問：「那是我嗎？」也許大家就是爲了這點「夕陽無限好」的急迫感。也許大家覺得天上相會之前，人間聚聚總是好的，不然到時可能會有「縱使相逢應不識」的尷尬。於是我班散居地球村的各路人馬大夢初醒似的，吵著要開班同學會，終於千禧年七月首會於台灣高雄。圓了「長億同窗四十載，港都相聚八方情」的心願。會中也定下兩年一會的基調。乃有〇二年再會於香港，暨今年（〇四年）五月二十二的美國西雅圖之約。

再入大觀園

我班雖已兩次相聚，然終因地球村太大，再者不少班友俗事未了，所以始終未能全部到齊。就連我自己也因在美有事而未能出席二次香港之會，不但錯失與四十幾年未能謀面老友相見的機會，更愧對兩位在地「班花」（傅漣漪、梁玲瓏）主辦人。殊爲遺憾。因此今年五月二十二日的美國西雅圖之約，我與內人聯袂準時報到。沒想到班友只到了七位。不過還好，每位都有另一半相隨，再加上紐約來的班外同學、親友，浩浩蕩蕩也有數十人之多。此行主辦人是美國兩位在地「班花」（西雅圖的汪玨、紐約的錢寧娜）她們爲大家選乘的 PRINCESS 號在郵輪中算是較大型的。比去年十二月我參加成大大同學會在休士頓搭乘的 ELATION 號高出兩三層。當然，該船的泳池、舞池、餐廳、歌舞表演場等等，設備之豪華與現代，也都有過之而無不及。讓我這位劉姥姥再次大開眼界。最令人激賞的是，該船的最上幾層，向外房間的開闊露天大陽台。登船第三天下午兩點，我班同學齊集十一層丁家客房開會，該房就有此陽台。當然此房價碼不貲。但視野遼闊，又居高臨下，不但在陽台上，甚至房間內，均可遙望海天景色。我們班會除簡短會務說明及決議兩年後會於台北（主辦人是台北在地班花唐家玨）外大部分時間是談天敘舊。我是會中唯一男生，因而甚少發言，卻專心欣賞室內鶴髮紅顏的如雲美女，與陽台外的碧海藍天、遠山翠影（船沿海岸北進）相映輝的難得勝景。不覺忘我。

此行「三多」

古有「多福、多壽、多男子」三多。而我們的海上七日遊也有「三多」。那就是美女多、學長多、歡笑多。所謂美女多，是指這次與會的班友雖僅七位，而六位是「班花」美女。如果套句「紅男綠女」的老話，我這唯一的男生就是那萬綠層中的一點紅。不過一點紅有好處，照相時我應六位「班花」之命站在她們中央。這真是我有生最光榮、最開心的大事。所謂學長多，是六位「班花」中，一半的另一半，全是我成大工學院學長。不過學長多對我更有好處。如紐約來的于學長，在候船中心時，人多座少，我讓座，于學長一再客氣，我不得不強調，這次集會我是中文系「娘家人」，理當站著。你是我們系的「嬌客」，又是學長，沒有立著的道理。不管我怎麼講，于學長愛護小老弟心切就是不坐。不但不坐，背包都一直背著。

我於心不忍，伸手想幫他將背包取下來。乖乖！我一把差點沒抓住。至少有一二十公斤，而于學長還客氣又幽默的學著山東腔說：「沒關係！沒關係！這對我的背好。」此行結束時，于學長與汪玨伉儷同車送我們到機場，于學長一馬當先，替我們填表、辦手續，極有兄長風範。再說殷花的黃學長，登船當晚就爲了找我這個未曾見過面的小老弟和大家同進晚餐，累他在十四五層的大船裡，上上下下找了一個多小時，害他晚飯都沒吃好。還一再客氣的說：「沒關係！」。再者，據他夫人透露，某晚當他看到我【巢何在】小詩的「年年煙雨迷歸路，歲歲魂夢寄北風——」一時。真的「嗫嚕嗫嚕」的哭了一場。我感動萬分，也深知不是我的詩好，而是黃學長與我生命中的悽愴樂章旋律有共鳴。難得！另一位是香港傅花的黃學長，溫文儒雅。此行之前在台灣曾多此相見。賢伉儷對小老弟一向是愛護有加。另外還有休士頓鄭「班花」和袁學長伉儷，也一向是余夫婦的良師益友，可惜這次未能與會。不然學長就更多了。總之，這一對對班花學長，當年雙雙留學海外，堅苦奮鬥，如今都在外打下一片天。可敬！可佩！實在相見恨晚。不過話又說回來，幸虧當年未見，萬一當年見了面，一時心窄，拿起掃把都趕了出去，今天那有這麼多的「嬌客」好學長。至於「歡笑多」，這是當然的。此行除了三對「班花」學長恩愛有加外。其他三位的另一半，雖屬「外人」，但也都是俊傑之士。如丁花的劉先生，曾任國內大學研究所教授兼所長。唐花的黃先生，曾任大使級外交官。汪花的林先生，是西雅圖華盛頓大學名師。總之，六位「班花」都有功成名就的學長級、專家級、大使級、的高級「侍從」隨扈左右，她們談笑風生之餘，當然是威風八面。此行怎能不歡笑一籮筐？所以我不能不高聲贊美：「還是我班女生有智慧」。

此「曲」只應天上有

搭「愛之船」，船上玩樂時間本來就多，再加上此行原排定靠岸遊覽兩天的，又臨時取消。每天除了談天說地、吃美食、看歌舞之外，時間真不知如何打發。幸有丁「班花」伉儷，攜愛女珊珊（劉紹珊）同行。珊珊心地好、英語好，我和內人到西雅圖。一下機，她就忙著幫我們掛行李、叫車子，處事井井有條。更重要的是她年雖幼卻

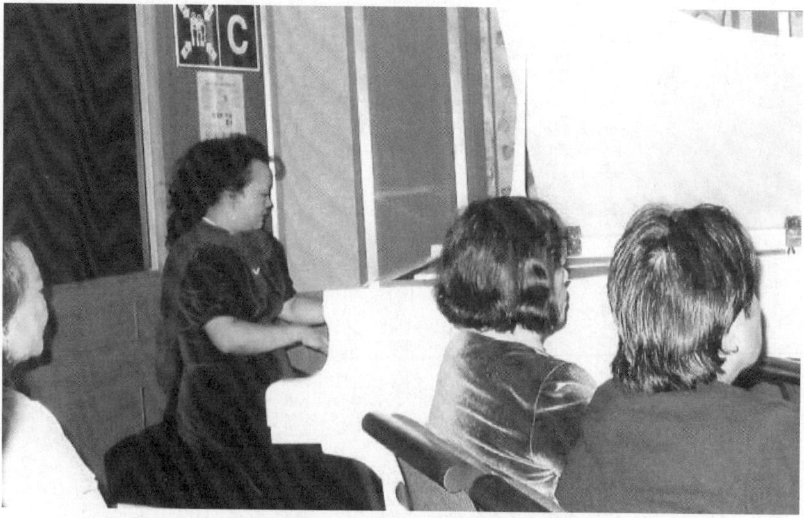

鋼琴博士劉紹珊演奏時的神情

有「大師級」的鋼琴造詣。她是奧斯汀德州大學鋼琴博士。現任教於 LARE-DO COLLEGE 音樂系。二十七日下午全體班友、校友、親友照完相之後。她被她兩位乾媽（汪、傅）抓著，假小禮堂給大家安排了一個別開生面的鋼琴演奏會。讓我們此行，不僅看到了難得一見的近北極風光，更有機會欣賞到超水準的鋼琴演奏。真是喜出望外。船上的小禮堂，似乎專爲音樂演奏、喜慶典禮而設。室內佈置豪華，鋼琴現成。珊珊在嘉賓如雷掌聲中就演奏位。爲大家彈奏了舒曼的「翺翔」，貝多芬的「月光奏鳴曲」「給愛麗絲」三首曲子之後，特別向長輩們獻上她自己的作品「生命之歌」。我於音樂雖屬門外但也略能領會到她那指法嫻熟、琴韻悠揚中，人琴合一的高度音感境界。會後我一面慶幸自己有此機緣參與音樂盛會，更以老同學有此「音樂家」愛女爲榮。於是趨前向她們全家致最高的敬意。

冰山為我熔

PRINCESS 號船大豪華。但也夠笨。她在我們上船之前的航程中，因停靠而受傷，害我們晚登船，造成第三天無時間靠岸遊覽。回程也因停靠問題而取消一日觀光。只有二十五日在 SKAGWAY 上岸玩狗拉雪橇或吃烤魚、淘沙金，以及回程二十七日停 KETCHIKAN 參觀土著博物館而已。雖然船方爲此遊覽縮水而退了費，但卻也讓此行退色不少。雖然如此，我

接近北極區山上的小冰河和水上浮冰

山前海面上大塊浮冰

們仍然覺得此行不虛。因爲二十六日上午讓我們見識到難得的奇景。此日早餐時，忽見舷邊出現大塊浮冰。方知這是船行最接近北極冰山水域的時刻。於是我與內人草草結束餐飲，迎冷風、冒寒雨，登上該船客人所能到的最高處。環視四周，始知船行於兩岸皆山的峽灣中，此灣似長江三峽而稍寬，但水面平靜，郵輪緩步前進。水面浮冰處處，大者似小島而晶瑩剔透；小者微浪中露頭藏尾，如龜鱷戲水，生動有趣。兩岸白頭雪山綿亙。山腰以下，似有寒帶植物雜生，一改古詩文中「遠山如黛」的常景。面對如此美妙的白頭雪山，想到自己的霜雪白頭，心中不禁興起「我見雪（辛詞原爲青字）山多嫵媚，料雪（青）山見我亦如是」（註一）的欣喜。

船行近峽灣口。緩緩迴旋。正是搶鏡頭的最佳時刻，我倆正想拍個合照，但舉目無人。正沉思間，于學長單槍匹馬，突然出現，真是「風雨故人來」。於是我們交互拍照，興奮之至。我還爲于學長拍了個「坐擁山河」英姿，不知這張成功了沒有？總之，此景似真似幻，今日思之如在眼前。回程有「班花」建議：「凡我班友，各記所感，集詩一首以爲紀念。」我因受此景刺激，順手提出「一船歡笑情似火、萬載冰山熔爲川」兩句。自覺誇張過甚，先請示「太座」，她一根指頭戳著我的腦殼說：「你學文學，好的沒學到，就學會李白『白髮三千丈』的誇大、吹牛。就憑你們幾個『老』同學，扔到水裡，不一會都變成冰棒啦，還熔甚麼冰山？」

不過世姪女珊珊，卻禮貌的大加讚賞。不管怎麼說，如果我們不來，也許冰山就不會一塊塊浮在水上了。於是合六位「班花」的美句全詩是：

匆匆一別四四年，歷歷往事盡眼前。
霜鬢鶴髮朱顏在，碧海青天舊誼堅。
一船歡笑情似火、萬載冰山熔為川。
兩易寒暑重相聚、再續古都同窗緣。

曲終人未散

二十九日PRINCESS號返抵西雅圖。下船後地主汪玨伉儷熱誠邀請我們遠道赴會的班友們。一車又一車的接往他們的「香巢」作客。並引導我們參觀市區，和她家漂亮的社區花園。最讓我和內人難以忘懷的是她家那盆盛開的蕙花。因爲「蕙」過去只有耳聞，今日首次看到。當然，我們也首次瞭解到汪「花」當年遠赴德國讀文學的勇氣、才幹和成就，以及她至今一如往昔的談吐才情。

晚間感謝「班外花」呂安娜，在當地中餐館籌劃了一場「會外會」。所有此時尚在西雅圖的同學和親友們到了兩大桌。一則同賀此行圓滿成功，二則酬謝汪、錢兩位主辦人的辛勞。

場面熱烈，會後互祝兩年後台北一定見。

註一：辛棄疾【賀新郎】詞：「——我見青山多嫵媚，料青山見我亦如是。情與貌，略相似。——」

見○四年八月十五日【美南週刊】

猶聞征騎鎗聲厲　紅番呼嘯動地來

——成功大學早期校友美國大西部之旅

我成大早期校友，如今多已年過古稀。最近在劉經芝、趙恆生、于同根三位學長的籌劃、召集，以及多位學長的協助之下，我們以47（一九五八）年畢業校友爲主，一行四十餘人，於零六年五月十八日，齊集於拉斯維加斯（las vegas）。次日包遊覽車，前往猶他（Utah）、亞利桑那（Arizona）的國家公園 Bryce Canyon、Powell Lake 和 Grand Canyon North Rim 紅人區等地，連續六天，一則暢敘離懷，二則遊山玩水，再則深入紅人區，對印第安人的風土民情作廣泛的探訪和了解。因而此行可名之爲「敘舊」「採風」之旅。其實在筆者自己認爲，這該是一趟三三之旅。所謂「三三」是指三溫暖、三色景、三感受。

一、三溫暖

五月十八日，在農曆上尚屬四月，初夏而已。因此在我個人的習慣認知上，此時的拉斯維加斯，應該是一個乾燥、涼爽的沙漠賭城。沒想到，一下飛機，「拉」城來個「熱烈」大歡迎，高溫一百零一度。害得我和內人下機後，一頭鑽進 Riviera Hotel，除了拜訪住同一旅社的領隊于學長夫婦、袁學長夫婦之外，整個下午和晚上都未敢外出遊覽。因爲我對溫差特別敏感，深恐外出中暑發生意外，影響大家的遊興。不過，這「拉」城的「熱烈」相迎，雖然已經讓我們喜出望外，而更讓我們喜出望外的是；十九日晨，我們自拉斯維加斯，驅車往紅峽谷（Bryce canyon national park）進發。兩三個小時後，車行於海拔八千多英尺的山區中，山上山下寒帶松林密佈，林間積雪雜陳。再前行，過一小湖，湖水澄澈，湖濱白雪皚皚，茂林青青，和着藍天白雲，一同映入湖底，畫面亮麗。整體景觀極似加拿大的露易絲湖。不過欣賞寒帶美景之餘，難免也要承受些寒氣襲人的「冷」意。及至紅峽谷，以及之後數日的景點，除了 Grand canyon north rim 低溫並不見冰雪（只見到幾粒黃豆大的小冰雹），讓大家亮亮冬裝之外，多是不熱不冷的宜人氣溫。當然，二十三日全程結束後，大家難免再回到拉斯維加斯的「烤箱」裡烤一烤，然後帶着滿身的「溫暖」，登機回家。就這一點來說，我好像享受到了一套突出的「三溫暖」。

二、三色景觀

古有三種色彩組成的「唐三彩」。我們這幾天似乎碰到了「今三彩」。因爲我們這幾天所遊覽的景區，幾乎完全由紅、綠、白三色組合而成。我們看，我們所到之處，不論是山野、峽谷、懸崖峭壁，幾乎完全由紅中透黃的紅山、紅石、紅土爲主體，以綠水、綠色植物、白色條紋爲陪襯，所呈獻的大景觀。連土著居民都是紅的。現在讓我們看看這幾天中，所見識到的不同型態的三色景觀；

一、下陷型的三色大峽谷；如十九日玩的 Bryce Conyon 和二十二日去的 Grand canyon North Rim 兩處峽谷，它們有多種類似之處。第一都是以紅色爲主體色系的大峽谷。第二都是由平地走到邊沿，再向前、向下觀賞的大峽谷。第三都可以自邊沿順著平平的，但兩旁全

Powell 湖區的彩虹橋（作者夫人楊大榮女士）

是懸崖峭壁的小山脊，向峽谷核心走上一段，走到盡頭，雙腳幾乎都是立於四面皆是萬丈深淵的「點」上。環視腳下，四面八方好像全是身著深紅透著黃彩軍服的千軍萬馬，從深深的谷底，努力的向上拉高、拉長自己。有的止於深谷中層，與谷底的古忪爭高下；有的高可數丈、數十丈，有的頭戴小白帽，有的頭上頂着青松，有的身繫白玉帶，一排排、一隊隊、一簇簇，陽光閃爍下，好像一起向着你大笑，向着你吶喊。令你飄飄然不知今夕是何年？

二、迷你型的三色小峽谷；如二十日拜訪的羚羊峽谷（Antelop Coyon）。

從谷口小停車場，我們踏著紅沙，頂著烈陽，順著平平的小路，魚貫近入僅可一人入的谷口。谷內狹窄陰涼，兩壁高可數丈，全由紫紅岩層，間以細白條紋，層層積疊而成。據導遊說，就算極細微的一小層，在海底也要經過幾千幾萬年的沉積。兩壁壁面凹凸歪扭，但彼此相近而不相連。有時兩壁迴旋扶搖直上，而中空一線仍可仰見藍天綠樹點點。墾丁的「一線天」，「天」成直線，而這兒的「天」是曲線，而且由於壁岩交錯，有時看不到天。谷長雖僅百餘公尺而已，但因谷內道路曲折，怪石林立，如「獅身人面」「鯊魚翻身」等等天然造型栩栩如生。讓我們留連久久不忍離去。

三、紅山綠水浴盆紋；二十日乘船遊湖（Lake powell），該湖看起來不大像湖，到像一條水流靜止的長河，且支流峽灣特多。我們自 Lake powell rasort 乘遊船，至 Rainbow Bridge 小碼頭止，來回船行近七小時，這也不過走了湖區全程的一部分而已。沿途紅山綠水，Glen Canyon Dam、羚羊島（Antelop island）景色特異而綺麗；城堡山（Castle rock）、塔山（Tower butte），一處處平地紅岩層層疊疊突起，直立、高聳、平頭，遠看像極了紅紅火火，頂着滄桑歲月的寶塔、古堡、斷垣。其實湖面開闊處，兩岸莽原漠漠，突起的小型紅塔、土堡隨處可見。湖岸幾全爲岩層、矮山崖壁。壁面多陡峭平整，或受歲月風雨剝蝕，或受某些礦石的反光，或受水漲水落留下白色條條橫紋（土人稱浴盆紋 Bathtub ring）的種種影響，有的壁面形成各式自然彩色圖樣，土人稱之爲「沙漠壁毯」，經湖水映照，看起來頗像排排紅翠屏風。湖面窄狹灣曲處，兩岸懸崖峭壁，險勢遠遠超過「三峽」。我們船至 Rainbow Bridge 小碼頭之前，就經過這樣一段險灣。到了小碼頭，棄船沿岸邊荒野山路步行。途中俯視腳下，野草小樹綠得發亮，這應該是此地零汙染的傑作：仰望頭上懸崖，幾座紅中透紫的山劈，好像仙人在頂上打破了大醬油缸，淋得它們自上而下，滿頭滿臉的條條黑汁，有位學長則幽默的說：「那應該是孫悟空當年，一棒打破黑魔王的腦袋，流出的黑腦漿。」有道理！這條條滴滴的墨汁紋，算是這紅、綠、白三色湖山的外一章吧。約三四十分鐘至彩虹橋（Rainbow Bridge），橋形彎彎似彩虹，它是由整塊弓形暗紅巨石，自小河谷的一面山坡，超越河床，直落對岸地面。大自然的鬼斧神工，真是令人嘆爲觀止。

此外尚有幾處高山特景，也都是以紅色爲主；如第一天，在快到紅峽谷的路上，見識到了幾座「美式火燄山」。因爲那幾座無樹無草，光禿禿的山勢形態，以及紅中透紫的色彩，像極了絲路上的「火燄山」。因此筆者忍不住就送它們這麼一個雅號。再者，第五天（二十二日），住進 Zion national park，四面大山，在斜陽映射下，真是紅光環照，美不勝收。次日乘短程巴士左走、右走，鑽來、鑽去，總是出不了紅山翠谷的手掌心。奈何！最妙的是，在二十三日回「拉」城的路上，見識到了幾座，剛剛從機器裡擠出來的「巧克力奶油冰淇淋」山，和暗紅乳白的「千層蛋糕」山。當然，這是筆者一時興起，給它們的封號。記得當時在車上，我話一出口，袁學長就說：「秀文一定是餓啦！」。是的，如果真能吃，那就不但如杜甫所想「安得廣廈千萬間」（註一），讓「天下寒士」有得住，如今更能讓「天下寒士」有山大的「冰淇淋」「蛋糕」可以吃了！該有多好。

三、三感受

所謂三感受就是震撼、欣慰、無奈。

一、震撼：此行使我感到驚奇，甚至於震撼之處頗多。如見識到紅光撲頭蓋臉的大峽谷，或紅山綠水而山形如塔、如堡、如古城的湖區特異風光，或荒漠中處處平頂紅山的紅人區時，都會讓我有這種驚奇、震撼的感受。因爲我看慣了「青山綠水」「遠山如黛」的自然美景。像桂林山水，雖然它也是特殊地質，所形成的系列山水景觀，但面對它時，就像在欣賞一幅淡雅，而意境深遠的國畫。給我的感覺是清爽、柔美、細緻。而這兒的場面和色彩，給人的感受卻是強勁、粗獷、狂野、震撼。尤其是當我從「park news」上瞭解到，若干萬年前這一帶完全是在海底，在海下面經過多少億年的層層淤積後，在一次地層變動中，被推出海面現在的高度，然後再經過若干萬年風和水的作用，於是成就了現在的地貌。難怪不論是地平面下的峽谷，還是湖畔上的塔山、石堡，還是紅人區的紅山，全是一層層，好像人工刻意修建的一般。而且同區各山的石層和山頂，幾乎全是

紅人區的山野（袁國鴻學長與作者）

平行的，原來這些紅山的山頂，正是當年從海底被推出海面的同一平面。能不令人震撼？

二、欣慰：想一想真是值得欣慰。這經過多少億年才形成的超級美景，居然讓只有數十年生命的我適時趕上。而且更有此機會，多日來連續觀賞到、瞭解到此地紅山、紅土、紅人的實際狀況，能不感到欣慰？

三、無奈：五月二十一日，我們乘巴士，直入紅人區一個山坡地上的招待中心。此處視野開闊，遠山、近景，盡收眼底。來之前聽說，Navajo 族尚有八九千人散居此區。然而，放眼望去，除了此處爲觀光服務的幾棟房舍外，看不到紅人村落，甚至於看不到幾戶農舍。怪哉！我們少作休息後，換乘招待中心可坐十多人的越野敞篷車，披著豔陽，漫遊於蒼茫荒漠、類

成大校友紅人區野宴後合影

塔類堡的紅紅山巒間。環顧此處，原野空曠，但除了叢叢矮矮的沙漠植物外，似乎看不到任何農作物，就算一般青草也很少。其實，包括這幾天我們拜訪過的所有紅山綠水區，除了偶爾少量的牛馬之外，從未發現過農業生產。我們想，在一兩百年前，沒有觀光收入的那個年代，此地的土人，將如何存活？正思考間，我們停在一個一人多高，圓圓紅紅的土堆前。這土堆紅的與大地色彩合一，看來很像國內北方新起的墳頭。而另一邊卻開了個矮矮的小門，有人正在進入，我想一定又像到西安一帶旅遊一樣，下去參觀什麼公主、王爺的古墓。想不到，進去一看，原來是土人的傳統居室，難怪從山坡上看不到農村房舍！該房外觀看起來矮小不起眼，但室內因下挖約一公尺餘，頗爲寬敞，陳設古老。據說此屋冬暖夏涼。我們到達時，一位著紅人服飾的老婦，正在用 Navajo 族的撚陀，熟練的表演古法撚製毛線特技。獲得訪客們不少掌聲和獎賞。掌聲中，更令我連想到當年他們的生活，實際上似乎遠比想像的還要艱困。之後，我們繼續乘車漫遊。由於路面原始，我們車隊所到之處，黃沙陣陣，撲頭蓋臉。有學長說：「今天旅館浴室的下水道會完全堵塞！」更有學長接腔道：「沒關係，反正是趙恆生學長的旅館（註二），肥水不落外人田嗎！」說得大家都笑了。再者，山野雖然看來平廣，但因土質鬆軟，受水與風的浸蝕嚴重，到處是坑坑洞洞，或小型峽谷。車子跑起來，忽上忽下，頗有騎馬的果效。袁學長說得好：「我們在享受顛簸之『樂』。」中午我們被安排在群山環抱、觀景點極佳的山野涼棚下用餐。此區所有服務人員全爲紅人。我們的司機，看起來就很像當年西部電影裡的紅番大酋長。聽說約翰韋恩當年的西部片，很多就在這一帶拍的。說不定他也曾在這兒落過腳、吃過飯哪！說着說着前面黃沙滾滾，好像又聽到征討土人的騎兵鎗聲大作，紅番呼嘯動地而來似的。原來是其他遊客的車隊飛馳而過而已，不禁啞然失笑。於是我坐下來，手把美食，坐觀美景。此時的我，應該正如王羲之當年所說的「足以極視聽之娛，信可樂也」（註三）。而我卻樂不起來，心中總是飄盪着，茫茫然不知是喜是悲的無奈感！其實，筆者多年來，地球村跑跑，每當遇到類似「紅人區」，這樣帶有悲情色彩的景點時，這種感覺總是油然而生。奈何！？

想到這幾天，我們來此遊山玩水，所到之處美則夠美，但全是些鳥不生蛋的荒山野嶺，紅沙大漠。然而這兒卻是土著紅人生命之所寄。我們想，當初土著先民們，爲什麼要來這種地方定居？是爲了觀賞這兒的美景嗎？顯然不是。應該是人類間求生存的自然推擠所造成。就像這塊土地一樣，原本是在海底，是在某個時段，被某種力量，推擠超出海平面幾千英尺而形成現在這種樣子的。我們進一步想，當年哥倫布發現新大陸，漸漸開拓了歐洲人的生活領域，相對的也壓縮了新大陸原住民的生活空間。在那個歐洲人紛紛向外開拓的時代，英、法也曾挾船堅砲利之勢，來亞洲、來中國。所幸中國當時是塊擁有幾億人口的大頑石，一口難以吞下。不然，我們現在也許正在康藏高原上涼快哪！當然，人類求生存的自然推擠，很難說誰對誰錯。就像獅子餓了要吃人；人類客人來了要殺雞宰羊，都是物競天擇、弱肉強食的自然規律。怨不得誰！

聽說此地土人稟性善良、守舊、嗜酒，不太習慣於理財，或生活上的長遠規劃和開拓。其實這是世界上，所有少數族裔共同的尷尬境遇。因爲他們處於「現代」，但對「傳統」割捨不易。因爲世界上不論任何族裔，對自己的「傳統」都有著承繼和發揚的使命感。在此重責下，要完全成功的走入「現代」尤屬不易。因之，多數人茫茫然不知「心歸何

土堆式紅人傳統居室（此行小學妹陳品卉小姐）

處」？好在政府對他們照顧有加，堪可告慰。

總之，此行收穫豐碩，但亦感慨萬千。謹附小詩於後，以記所感。

成大校友古稀客，
土人國度尋風采。
羚羊谷中藍天小，
城堡山前翠屏開。
艷陽烈烈臨荒漠，
黃沙陣陣撲滿懷。
猶聞征騎鎗聲厲，
紅番呼嘯動地來。

附註：

註一：杜甫〈茅屋爲秋風所破歌〉：「安得廣廈千萬間，大庇天下寒士俱歡顏」。

註二：我們自五月十九日起，連續三天住 Page, Arizona 之 Super-8 Hotel。該旅館爲趙恆生學長所經營，讓我們方便不少，也省了不少開銷。非常感謝。

註三：見王羲之〈蘭亭集序〉。該「序」爲當年王羲之於暮春三月，與友人集會於蘭亭遊樂之作。與我們此時的「情景」頗類。

〇六年六月六日於休士頓

楊柳蔭中訪「詞后」

——清泉有幸題「漱玉」，照耀千古「詞后」名

「詞后」就是宋代女詞人易安居士李清照。她是山東濟南人。生於公元一〇八一年，距今幾近千年。筆者自幼喜讀易安詞，對她的生平早就了然於心，並深以為榮、為傲，因此每與人談起李清照，我總是以「俺老鄉」或「鄉先輩」稱呼她。但卻從未想到她的故居究竟是在濟南何處？也許早已淹沒於千年歲月的長河裡了。想不到却在這次旅遊無意中遇到！

泉城「濟南」

今年三、四月間返回山東老家掃墓、探親，順道旅遊。說來慚愧，身為山東人，這山東省城「濟南」，雖曾多次路過，但實際真正遊覽，這還是生平第一回。我們到達的時間是四月一日，正是農曆二月「仲春」時節。走在現代化的市區街道上，滿眼高樓大廈，雖然偶而有幾棵青青楊柳佇立街頭，迎風招展、輕擺「柳腰」的招呼我們，卻看不到當年名家筆下「家家泉水，戶戶垂楊」的場面。及至進入趵突泉公園、泉城廣場、大名湖、千佛山、環城河泉

水景觀帶等等景區遊覽，目睹那無邊無際「煙籠十里堤」的綠柳垂楊；走訪那數不清的名泉（如趵突泉、珍珠泉、漱玉泉、五龍潭、黑虎泉等等）之後。這纔了然「歷下古城」濟南之所以號稱「四面荷花三面柳，一城山色半城湖。」的緣由了。而且此時正是「仲春」時節，尚無荷花入目，反而更可以顯現當年「家家泉水，戶戶垂楊」的特殊景觀。這種特殊景觀在綠柳繚繞、清泉當門的「易安舊居」，尤其可以讓今人想像到，千百年來「泉城」人家當年那種詩情畫意的「仙居」生活。

濟南易安舊居（作者夫人）

「漱玉泉」與「易安舊居」

四月二日我們進入市區最繁華地段的「趵突泉公園」。在這公園裡，「趵突泉」當然是這園內的主體勝景，造訪的人著實不少。想找個最佳角度拍張照，都要排隊。當我手持相機取景等候之際，有人從我身邊經過，並向他的同伴說：「那邊有『漱玉泉』，過去看看！」我心頭一震，心裡想：「漱玉二字不正是詞后李清照的「詞集」名嗎？」於是我們草草照完相，也走向剛才那兩位走去的方向，不遠處果然有泉題名「漱玉泉」。該泉既然以「漱玉」名，應該與李清照有些關聯。我心中一面想，一面環視周遭景觀，就在泉後十幾公尺處散立幾棵楊柳，柳蔭中有類似民居的房舍一棟。我們走近幾步，突然眼前一亮，只見紅漆門楣上方有匾，上題「易安舊居」。由於事出突然，讓我不禁叫出聲來：「阿！這不是『俺老鄉』李清照的老家嗎？」。看來這棟碧瓦紅牆四合院型的宅第，牆外有柳、門前有泉，清幽高雅之至，確實是一個「地靈人傑」之所。雖然，這「漱玉泉」於清照之前即已存在、但該泉卻因清照「詞后」之大名而彰顯。當然，這棟房舍必然是後人就地重建的。就像數年前我們拜訪過的四川「杜甫草堂」一樣，一座「草堂」怎麼可能風風雨雨擺上千多年？但這並不重要，重要的是進入「草堂」，讓我感覺真真正正到了「詩聖」杜甫的家。好像杜甫就在左右，甚至於可以感受到他的音、容、笑、貌。今天也是一樣，我們恭恭敬敬地走進這位「鄉先輩」的家。門內正中有李清照的素色雕塑立像，她似乎是在迎接我們。塑像大小高矮如常人。形貌正是易安居士的少女時代，當然這是因爲她過世時年齡不過五十一歲多一點而已。該「像」雕塑的非常成功，從她那不著色彩的清秀面貌、窈窕身影中，好像隱隱散發出大智慧、大文學家的特有氣質。也讓我立刻聯想到她歡樂、愁苦的一生。

李清照的歡樂與悲愁

清照出身官宦世家、書香門第（註一），天生慧質，因而自幼能文，尤擅於「詞」。今天來到她的舊居，面對她栩栩如生的塑像，讓我聯想到她一生的歡樂與悲愁，以及隱含她一生歡樂與悲愁的傑出詞作；

一、歡樂人生：李清照的歡樂人生時間短暫，但品味高雅。當她仍然是個待字閨中「不識愁滋味」的小姑娘時，有一天身穿家居輕便衣服，玩罷鞦韆，衣衫被汗水濕透，金釵滑落披頭散髮，不敢見人，聽有人來赤着襪底，悄悄的、嬌羞的躲開。她在【點降唇】中寫道：「蹴罷鞦韆，——薄汗輕衣透。見客人來，剗襪金釵溜，和羞走。倚門回首，却把青梅齅。」筆者覺得這比「詞帝」李煜以男人的想像，寫小周后「花明月暗飛輕霧，今宵好向郎邊去。剗襪步香階，手提金縷鞋。」（菩薩蠻）與他幽會偷情時，那種怕人看到，又怕人聽到的心態和神情，更爲自然、纯真、可愛。

清照二十一歲嫁趙明誠，夫婦情投意合，伉儷情深。她婚後的歡樂人生於是更向上推高一層。我們看：有一天她買到一枝豔麗的鮮花，她想撒撒嬌，她在【減字木蘭花】中寫道：「——怕郎猜到：奴面不如花面好；雲鬢斜簪，徒要教郎比並看」她把花枝斜插雲鬢，看看這到底是她美？還是花美？這只好叫趙明成去傷傷腦筋囉？他們小倆口還真「逗」！再如一個雨後涼爽的晚上，玩罷樂器，面對鏡中閉月羞花、冰清玉潔的自己，不禁情動。她寫道：「——理罷笙簧，卻對菱花淡淡妝。絳綃縷薄冰肌瑩，雪膩酥香。笑語檀郎：『今夜紗櫥枕簟涼。』」（采桑子）「檀郎」就是情郎，就是她的夫婿趙明誠。這句「笑語檀郎：『今夜紗櫥枕簟涼。』」用含蓄的、細膩的筆法，寫出一個新婚少女內心濃濃蜜蜜的恩愛情懷，真是妙絕。不是俺偏坦「俺老鄉」，筆者總覺得這比李煜寫小周后「奴爲出來難，任君滋意憐」（菩薩蠻）的露骨男女情愛，更具美感。再如「繡幕芙蓉一笑開，斜偎寶鴨襯香腮，眼波才動被人猜。——」（浣溪沙）等等。這些經典美「詞」，不但深深描繪出她的少女情致，更呈現出她令人稱羨的美滿人生。想到這裡，我好像從面前的「詞后」臉上，隱隱約約看到她那「斜偎寶鴨襯香腮」的嬌柔神采。

二、愁苦歲月：婚後不久，明誠經常負笈遠遊，在外爲官，再加上後來的金人陷青州，宋室南渡，總是讓他們聚少離多，使得清照嘗盡相思之苦，也迫使她給我們留下諸多回味無窮的相思好「詞」。如「寂寞深閨，柔腸一寸愁千縷」（點絳唇）；「——莫道不消魂，簾捲西風，人比黃花瘦！」（醉花蔭）；「花自飄零水自流，一種相思，兩處閒愁。此情無計可消除，纔下眉頭，卻上心頭。」（一剪梅）；「被翻紅浪——新來瘦，非干病酒，不是悲秋。」（鳳凰臺上憶吹蕭）等等。清照五十歲時，明誠召治湖州，途中病死，無子女，清照孑然一身，南下依她弟弟李迒，輾轉避難，苦於流離，不久終老於金華。她的「風住塵香花已盡，日晚倦梳頭。物是人非事事休，欲語淚先流！」（武陵春）應該是「詞后」終老前，日日以淚洗面的愁苦歲月寫照。想至此，看看面前默默無語的少女「詞后」，我真不忍心再想像她那「梨花一枝春帶雨」的悲愴神情。於是我們繼續向前走訪。

我們穿過前廳，來到院落，面積不大，花木春意正濃。正是所謂「映階碧草自春色，隔葉黃鸝空好音。」而已，而今「主人」何在？！進入後堂，但見牆壁上、廚架間，展覽多種清照「詞」作、舊物，獨不見當年梁上燕子（註二）！更不見「詞后」易安居士李清照。令人悵然！

趵突泉公園大門前是「泉城廣場」，廣場很大，後方有山東名人長廊，廊內有十二座山東名人塑像。「詞后」李清照與至聖孔子、亞聖孟子並列！而且她是這些長髯老翁中唯一的「青年」女才俊！當時我在想，如果將來「天庭」上，我真正有機會走訪這位女「青年才俊」文學家的話，到了門前，恐怕我也沒有勇氣敲門，就我這一副鬚髮皆白的糟老頭子模樣，像個後生晚輩嗎？！

遊罷歸來，感慨之餘，特以「訪清照舊居」爲題，成小詩如下：

清泉有幸題漱玉，
照耀千古詞后名。
舊時梁燕今何在？
居室空對楊柳風！

附註：

註一：清照父李格非官戶部員外郎，母親是王狀元拱辰的孫女，皆工文章。

註二：家鄉（北方）人家，梁上多燕，秋去春來。金人陷青州，清照爲眷懷故鄉，曾有一首春殘詩「春殘何事苦思鄉？病裡梳妝恨髮長。梁燕語多終日在，薔薇風細一簾香。」

見〇八年九月七日「美南週刊」

大千世界盡眼底 動靜剎那皆永恆

——參觀華人攝影學會攝影展感懷

休士頓華人攝影學會於零五年十二月十日起，假僑教中心展覽室展出會員攝影作品一百五十八幅。展期十天。筆者在這十天之內，至少五次以上進入展覽會場詳加觀賞，並向現場攝影大師們多方請教。敬佩之餘，特別在此談談內心的感受。

一、大千世界盡收眼底

展出的一百多幅作品中，在題材內容上可謂包羅萬象；有故國河山、也有異國風情，凡我大千世界動靜萬物百態應有盡有。不過不論山川人物、花草樹木、鳥獸蟲魚，攝影大師們都以自己內心的巧思，賦予作品新內涵、新生命。幾乎每幅作品都有讓筆者振奮、駐足、忘我之處。如吳越凌先生的「比翼雙飛」。不但構思、畫面、標題美妙，而且也得之不易。看那一對紅鶴，正從幾條杈枒的枯枝上起飛，前鶴已大展雙翼，引頸飛離枝頭寸餘。後鶴頭頸前伸、身軀前斜、雙翅半展、兩腳似離非離樹枝，牠急欲跟進的意念已經付諸行動。那種「唱隨」的濃情蜜意，令人欽羨。當然，這應該是一對情深義重的鶴中情侶。不過恕我眼拙，看不出何者是公是母？如果根據現代「lady first」的新思維，前者定是母鶴無疑。吳先生援引白居易「在天願作比翼鳥」的詩意，題名「比翼雙飛」，妙絕。就此畫面，就此標目看，吳先生似乎心中先有這詩意，然後才去捕捉這樣鏡頭的。據說吳先生爲了這一個鏡頭，在路易士安那馬丁湖畔苦候幾個小時，而且還要手把長鏡頭像機，目不轉睛的盯着，因爲這雙鶴起飛的動作刹那即失。難怪六月初吳先生臉部頸部被曬得起泡發燒，病了一場。看來熱愛攝影，頗像敬業的戰地記者一樣，有時也要冒險犯難的。精神可佩。再看吳先生的「鄰居」；一棵古松，在上下兩層碧綠繁茂的枝葉上，有兩個鳥巢，此時恰恰全身雪白的兩家同類巢主，各在自家巢內工作。而我們卻可以從旁一覽無遺。畫面亮麗、有趣、和諧、可愛，完全沒有人類「上下枝」的悲慘爭鬥，寓意耐人尋味。

再如張先生的「霧鎖長城」，在那濃霧瀰漫荒煙蔓草中，山頂展現幾段明暗分明的古壘斷垣，畫面上似乎隱隱約約透顯著秦疆漢土歷史的悠遠，古老中國千百年來征戰疊疊不休的殘酷現實。發人深省。而在另一幅蔡先生的「長城：步步高昇」中，長城內外山野暗黑，那突出的長城不但完整，並且色彩金黃亮麗，此時的長城猶如金光閃閃的巨龍，沿山勢蜿蜒而上，隱於天際。閃閃金光中似乎透顯著秦疆漢土歷史的輝煌，古老中國的榮耀。令人振奮。這兩幅作品題材同是長城，而給我的感受卻截然不同。但是，在我看來都是傑作，都是心懷故國者寓意深遠的傑作。

再如兩幅不同作者的「秋湖泛舟」，岸上楓彩紅豔，遠山暗籃，兩者同時映射入湖，真是如入幻境。此時小船上的泛舟客，不知心裡是否有「江楓漁火對愁眠」的悲涼，還是有着「孤舟簑笠翁，獨釣寒江雪」的孤傲？

其他表現動感的傑作不少。如「奔馳」，幾匹無韁野馬狂奔，牛仔馬上揚鞭追捕，蹄下塵土飛揚。其勢頗類國畫的八駿圖，且較之更爲強悍真切，動人心魄。再如「競技場上」、「追捕」、「鬥牛」（人騎馬與牛鬥），均能表現出狂野中的勁道和氣勢。顏色大多以暗赤爲主，而主題畫面以黃白張顯，光彩亮麗。難得！再者，柔美的舞蹈動感畫面，如「舞之韻律」、亦用類似此種色光手法處理。「動感」則更加以豔紅宣染，似夢似幻，動感十足。

二、攝影才藝日新月異

筆者在多日觀賞中，收穫豐碩。除了心靈的多方位感受之外，也學習到不少新的東西。據現場攝影大師們指教；畫面的色彩明暗度，以及小的缺失，可以借重最新電子設施予以修補。真是太好了，這正意味着「三合一」時代的真正到來。這兒的「三合一」不是台灣的選舉。而是「詩情」、「畫意」、「最新攝影技藝」合而爲一的照片畫面表現。也就是說，一個傑出的現代攝影家，既要有詩人的情懷和思維，又要有繪畫的設計佈局素養，再以最新攝影科技製作出來。如劉炫先生的傑作「菡萏香消」。畫面是一池春水，水面荷葉浮萍漂漂，綠意盎然。而卻只有一支僅餘兩片花瓣的殘荷，傲然佇立水上，其下落英片片雜陳於春水綠葉間。畫面簡明，不像要表現蓮花的美豔，也不像是展示荷花出污泥而不染的君子風骨。如果是那樣，水面上應該是一朵亭亭玉立的完整荷花。事實上卻是一支凋零幾盡的殘荷，劉先生顯然是以詩人心中「好花不常開」的悲憫情懷，用繪畫的巧思，新的電子攝影技術，完成了這幅作品。以便將觀賞者引入林黛玉葬花的悲思，或李清照「紅藕香殘玉簟秋」（一剪梅）的愁情中。據劉先生說：落下的花瓣在原片中已略爲枯萎，荷葉上也不夠清潔，是利用電腦科技清理的。這樣更好，會使人感受到，美人雖香消玉殞而餘韻猶存，不能與殘花敗柳等量齊觀。再如以黃山或華山爲背景的作品，如「華山霧松」的蒼松翠柏、白雪皚皚。「冬季的黃山」和「煙寵黃山」的雲山飄渺。看來都是一幅幅傑出的國畫。不過不是用寫意、潑墨、或工筆的書畫筆法，而是用現代攝影科技表達的傑作而已。總之，只要是一件藝術品，應該都是作者內心意境的呈現，既要有些超現實，又要倚於現實。今天的攝影已經進入這種完美的境界。

總之，這次展出作品琳瑯滿目，品質內涵卓越不凡。是一次極爲成功的展覽。筆者感佩之餘，謹贅以小詩以表賀意：

攝影才藝日新異
僑教中心展神工
山明水秀春花豔
雲光霞彩秋葉紅
美目顧盼舞千姿
麗鶴比翼情萬種
大千世界盡眼底
動靜剎那皆永恆

見〇六年一月一日【美南週刊】

「大千世界盡眼底　動靜剎那皆永恆」續篇

——參觀二〇〇六年僑委會文藝系列攝影展感懷

去年休士頓華人攝影學會於十二月十日起連續十天，假僑教中心展覽室展出會員攝影作品一百五十餘幅。今年僑委會文藝系列攝影展，於八月十九日起，仍假僑教中心展覽室展出休士頓華人攝影學會會員攝影作品近兩百幅。在題材內容上也都是包羅萬象；有故國河山、也有異國風情，凡我大千世界動靜萬物百態應有盡有。而且不論山川人物、花草樹木、鳥獸蟲魚，攝影大師們都以自己內心的巧思，賦予作品新內涵、新生命。幾乎每幅作品都有讓筆者振奮、駐足、忘我之處。在這次八天展期中。筆者多次進入展覽會場詳加觀賞。感覺在作品的題材內容上較之前次更爲開闊充實，雖然每位會員限展四幅，但在某些主題上，如麗鶴百態、故國情懷、人比花嬌、蓮荷的美豔與凋零等等，均有會員們不約而同的共同系列呈現。更是滿目琳瑯美不勝收，對筆者的吸引也勝過往昔。當然，這些所謂的「主題」是筆者個人現場觀賞的綜合感受而已。

麗鶴百態

雁與鶴在禽類中，往往是「貞節純美」的象徵。去歲吳越凌先生援引白居易「在天願作比翼鳥」的詩意，精心、耐心的攝獵了一前一後，剛剛飛離枝頭，散發著濃濃「唱隨」情意的一對紅鶴情呂。名之爲「比翼雙飛」，令觀眾傾倒。這次吳先生又以「鶴」族爲對象，拍攝了多幅傑作。參展由於篇幅所限，觀眾所能看到的只有「合家歡」、「舐犢情深」兩幅而已。前者是一對鶴父母在自家巢內，逗弄、愛撫「小愛子」的溫馨畫面。我們看，那小鶴頭頸伸挺，鶴爸鶴媽兩旁似站似蹲，羽翼微展，極類人父人母想伸手撫摸愛子的神情，倆老雖頭頸鉤斜，但眼神全都投射在「小愛子」身上。好一幅禽類中的「親慈子孝」圖。

吳越凌先生的「合家歡」

據說這幅作品在七月份華人攝影學會月會上獲獎，顯然並不意外。後者「舔犢情深」畫面是一位鶴媽（筆者再次眼拙，實在分不出這老鶴是公是母，但據她對子女能夠如此情深的畫面看，必然是位母親無疑。）用她的長嘴巴，輕輕的舔咬著兒女們的頭頸和身體，也許是愛之深吧，看來這位鶴媽媽好想一口把孩子們全吞下去似的。「親子情」之濃郁，令人動容。看到這兩幅畫面不禁令我想到；英國日前破獲恐怖組織，有的恐怖份子居然想以自己幼兒的犧牲作掩護，如果讓他們來看看這兩幅鳥類的「親子情」照片，不知他們將何以自處？此外，吳先生尚有兩幅未參展的雙鶴傑作；一幅是雙鶴在天上，另一幅是雙鶴在地上的花叢間，全是面面相對。筆者深信這必然是兩對「情呂」或「夫婦」，因爲如果是一對同性，縱然不會像鬥雞一樣扭個你死我活，也絕對不會如此含情脈脈相對。請看地上的那一對，牠們雙翅半展「情」眼相視，不知道牠們是正在情話綿綿呢？還是默默「相敬如賓」？看來只差人類夫婦的「舉案齊眉」了。前兩幅我們可以稱它爲「親

吳越凌先生的「恬犢情深」

子情」，後兩幅我們就稱它爲「情人情」吧！從吳先生這一連串的「麗鶴」作品上，我們可以看出他不僅在攝影藝術上極見工夫，對「鶴」禽亦極見「耐心」與「愛心」。因爲這些作品都需要長時間的尋覓和等待的，實在得之不易。再加上他近期頂烈陽、冒酷暑，拍攝了多幅盛開的荷花。如果參展不受篇幅限制的話，將會有他更多的「燦爛、輝煌」（吳先生這次參展惟一荷花的題名）展現在觀眾面前。寫到這兒使我想起宋朝有位「雅士」林和靖，隱居西湖孤山。酷愛梅、鶴，「俗人」送他一個雅號，「梅妻鶴子」林和靖。在此我不妨也給好友開個玩笑，稱他爲「荷妻鶴子」吳先生。不知道見了面他會不會捶我一頓？

「相敬如賓」

其他「鶴」作，如潘先生的「比翼雙飛」、「枝頭共舞」、「紅鳥英姿」，三幅全是以雙紅鶴爲主題。不但畫面亮麗，且前者呈現出雙鶴情呂，雙棲雙飛的濃情蜜意，令人羨慕。後兩幅，一是雙鶴跳躍枝頭，活潑生動；一是雙鶴神采奕奕，英姿煥發。都是難得的傑作。另外以白鶴爲主題的「夢幻」「梳妝」，更是「鶴」作中的另類傑作。非常難得！

故國情懷

筆者「老」居海外。進了展覽室，看到了「長城」、「雲霧天子山」等等的故國景象，免不了勾起壓抑心底的那分國愁鄉思。長城是古老中國的象徵。去年影展中曾有「霧鎖長城」和「長城：步步高昇」兩類長城佳作，給了我「苦難」與「輝煌」兩種不同的感受。此次僅有謝先生的一幅「長城」。這一幅長城，既無雲霧深鎖，也無陽光下的金壁輝煌，而是以色澤暗赤、形態厚重而蒼老的自然面貌，起伏於山野間。透顯著秦疆漢土的開闊，華夏史頁的悠久和真實，以及古老中國雖歷盡滄桑，卻不失泱泱大國之風的恢宏氣度。也是令人振奮的。這一幅與去歲兩幅作品題材雖然同是長城，而給我的卻是三種截然不同的感受。其他如凌兆基先生的「陽溯晨曦」、浙江風光「寒江帆影」和「人間仙境」、王先生的「雲霧天子山」等等，全像一幅幅以故國山河爲主題的淡雅國畫。面對它們不覺忘我。再如皇先生的「宏村」、

「古鎮秋雨」、「平靜之夜」朱琨小姐的「冷清老街」「紅門深院」等等。看到了它們，好像讓我又回到了故國，回到了「春來江水綠如藍」的江南水鄉古鎮。尤其是面對「平靜之夜」中，那古老的拱橋、暗淡的江岸，和着月光一同映入水底的夢幻景象。使人興起「二十四橋明月夜，玉人何處教吹簫」（註一）的悠思。另外凌兆基先生的「任重道遠」，可以說是一幅另類而突出的傑作。整個畫面就如「弔古戰場文」所說的：「浩浩乎平沙無垠，夐不見人」的大漠，而卻以小得不成比例的一頭負重駱駝，置於右下方的大漠入口處，以突顯前途的艱辛與遙遠。而名之爲「任重道遠」，真是妙絕。再者，藏區採風佳作亦多。總之，在我看來，這一幅幅都是心懷故國者寓意深遠的上乘之作。

人比花嬌

此次展出作品人體美頗佔篇幅。有的濃妝豔抹半遮半掩，有的盡退鉛華暗中隱現，均能深得「霧中花」含蓄之美的妙處。可謂幅幅爭奇鬥艷美不勝收。另有盛開的「曇」「蓮」「荷」多幅，或淡雅、或濃豔，與「美人」並列。頗有李清照所謂「怕郎猜到：奴面不如花面好；雲鬢斜簪，徒要叫郎比並看。」（註二）那就讓我們比比看吧，是人比花嬌呢？還是花比人美？

另外裘先生的三幅「殘荷」，畫面上荷花數朵、荷葉數片，全都枯萎下垂。再配上一幅盛開的荷花，花蕊上的小蜂正忙着採蜜。四幅並列，合而觀之，似乎帶給我們一種繁華退去的悲涼感。歐陽修說的好：「群芳過後西湖好，狼藉殘紅。」(註三) 人生就是這樣的無奈，不論他是多美的「美人」、多大的「權貴」，當他「日麗中天」過後，總是要「荒塚一堆草沒了」的。奈何！

其他如翁女士的「峭石浪鱗」、吳先生的「早安馬丁湖」、黃先生的「大峽谷」等等，都是異國風情的佳作。據說此次展出中的「宏村」「峭石浪鱗」等多幅作品，曾獲國際攝影獎。可喜可賀。

展覽昨日已告結束，感謝攝影大師們，提供了我多日來在一室之內，享受到遊目於大千世界動靜萬物榮枯百態的欣喜，也撫平了我緬懷故國河山的鄉思離情。

附註：

註一：杜牧「寄楊州韓綽判官」詩。

註二：李清照「減字木蘭花」詞。

註三：歐陽修「採桑子」詞。

見〇六年九月十日【美南週刊】

攝影新境界
——五月十八日聽吳越凌先生「攝影技術」演講感懷

一

聽了吳越凌先生有關「攝影技術」的精彩演講後，令我體會到，今天的「攝影」不論是在器材、技術、理念上，都已進入了新境界。器材的日新月異是時代之所趨，有錢即可辦到。而技術和理念是攝影作品成敗的人爲主導。往往因人而異。

筆者初次接觸吳越凌先生突出的攝影技術和理念，是在零五年十二月華人攝影學會攝影展上。當時他的「比翼雙飛」和「鄰居」兩幅作品令我感到震撼。因爲這兩幅作品不但擁有我所常談的「三合一」水準，而且更透顯出作者對攝影的愛心與耐心。因爲這種作品，如果沒有賣力的尋覓和長久的守候，是無法完成的。

所謂「三合一」是指一、詩情（即文學素養，有了它作品才能意境高雅）。二、畫意（即繪畫素養，有了它作品畫面才能處理的更好）。三、高超的現代攝影技術。吳先生當時的作品，已經是三者具備了。

二

此次演講，吳先生除了展示日新月異的攝影器材，講解如何運用高度攝影技巧之外，更讓我們見識到他系列的、成套的攝影作品。從這些一組數張的系列作品中，可以窺視到吳先生在攝影作品上的更高層次。因爲吳先生的此類作品，在我覺得就如同最近欣賞到的「黃河」大合唱組曲、「黃山，奇美的山」合唱組曲一樣，都是大師級（攝影大師、音樂大師）的高層次作品。現在就讓我們一同欣賞兩組系列

走　春

築　巢

抱　蛋

攝影作品吧。

第一組：照片一共三張。照片裡的主角全是同一對白鶴夫婦。第一張是「走春」（也可以稱之爲戀愛、結婚）。看那兩隻白鶴，羽翼半展，頸部微曲，在青草地上含情脈脈相對，左邊的頭略低垂，似作害羞狀。右者頭微高舉，目光平視似在挑逗、吸引對方。那種求偶的架勢表露無遺。畫面亮麗而傳神。第二張是「築巢」。白鶴夫婦正在協力構築婚後的「家」。畫面上的雙鶴不再是含情脈脈相對，而是各自忙於自己分內的「家務」工作。第三張是「抱蛋」（孵蛋）。畫面上一隻白鶴正趴在巢內靜靜的孵蛋，而另一隻卻羽翼微展神情緊張的立在一旁，似在爲自己的妻兒警戒。

第二組：照片也是一共三張。照片裡的主角全是同一對紅鶴夫婦（也許僅是情侶）。第一張是「唱隨」（也就是「婦」唱「夫隨」）。看那前一隻紅鶴已展翅飛離，而後一隻兩翼半展，身微前傾，正作跟進狀，這「唱隨」的濃情蜜意，躍然畫上。第二張是「比翼」。也就是「在天願作比翼鳥」的真情展示。第三張是「凌雲」。一鶴已高高衝出層雲，大展雙翼奮力向前，一鶴在後在下緊密跟進，正與雲層相糾纏。看來好一對神仙鳥伴侶，「壯志凌雲」傲嘯長空！

這兩組照片，至少有以下三大特色：

一、每張個別觀賞，都很清晰亮麗，在意境和畫面布局上，也都具有各自特別的風格、美感和藝術價值。

二、每組、每張在拍攝時，幾乎都要「尋覓」、「苦候」。一定要尋覓苦候到合乎自己心中想要的那種畫面。因此讓作者在時間上、精神上、體力上必然付出極高的代價。

三、主題內涵的整體規劃。就如同「黃河」大合唱組曲一樣，這一套合唱「組曲」，一定有它所要呈現的主題內涵。吳先生的這兩套照片，也一定有它所要呈現的主題內涵。那個主題內涵應該是「愛」，高尚、偉大而純潔的「愛」。用音樂語言來說，它應該是兩套「愛」的組曲吧。

隨唱

比　翼

凌　雲

三

吳先生這種用成套的攝影作品，呈現其內心主題內涵的手法，已經將攝影從技術層面，提昇至「文學藝術」層面，邁入新境界。難得！其實我個人覺得，「攝影大師」或「攝影家」這種稱號，吳先生早就應該當之無愧的。可是每次我動筆時，他都謙虛的阻止我用這種頭銜，所以本文標題仍然「平淡」。

再者，我向讀者朋友們小聲的透露一點「秘密」，聽說吳先生當年曾經擔任過「八國聯軍」「少林五祖」兩部電影的總攝影師。

○七年五月十九日于休士頓（見○七年五月二十七日「美南週刊」」

歌聲琴韻伴斜陽

金曲歌老人不老、悠揚琴韻人亦「韻」

——本文原為恭賀百齡合唱團即將於九月十二日下午二時在僑教中心老歌金曲盛大演唱會而作。今選入本集，以便讀者朋友瞭解余夫婦退休後在美生活之概況而已。

試著新裝迎盛會

我與內人退休後的這幾年，常來美國休士頓小住數月。前年（〇二年）七、八月間首次到僑教中心觀賞某名家畫展。忽有似曾相識的老歌，聲聲傳來，於是循聲找到展覽室隔壁的音樂教室，這兒有幾十位霜鬢鶴髮的男女資深歌手，在提琴、鋼琴伴奏下，由一位雍容華貴的女指揮教導練唱。提琴手滿面紅光，但鬚髮皆白。只有鋼琴手是位青年女才俊。不但這兒的歌聲美妙親切，就看這一副動人的畫面，已夠令人陶醉而忘我。我們在門外佇立良久。原來這就是聞名遐邇的百齡合唱團。女指揮是王亞文老師。提琴手是名手孫曾城先生。鋼琴手是蔡佩英小姐。他們以唱三十到五十年代的老流行歌曲爲主。這正合了我們的胃口，內人不久加入。而我則因一生粉筆生涯，廢話太多，歌唱多了喉嚨會抗議。只好自置於合唱團門外。不過還好，每次陪「太座」到僑教練唱時，我就在音樂教室對面的乒乓球室裡打球。一面打球、一面隨著他們的樂聲哼幾句，到也可以過過唱歌癮。

今年六月初，我們又來到休士頓。內人向合唱團一報到，王老師立刻就告訴她，趕快去量禮服，今年九月十二日有多單元性的盛大歌唱演出。於是我這位義不容辭的護花使者，每天馬不停蹄的忙著陪「太座」量禮服、試旗袍、買這買那。頗有當年家鄉過年前家家辦年貨，人人試新裝的喜慶氣氛，裡裡外外忙了個多月，各色各樣的行頭製備了四五套，最近總算搞定。不過，話又說回來，陪太太東跑西跑，雖然辛苦，但看她穿起修了又修，改了又改的中西各式新裝，「風韻」似乎不減當年。也就忘了一切。

百齡南征北戰忙

百齡合唱團是老人協會合唱團。團長由老人協會會長孫兆漢先生兼、董文染先生任副團長。團員當然全是老協會員銀髮族。他們全都是歷經歲月滄桑，嚐盡人間酸甜冷暖的長者。來此共同的目標就是尋找一個歌聲琴韻伴斜陽的瀟灑。既無名利的羈絆，也無俗務的紛擾，因而有志一同唱勁十足。該團成立於九一年三月九日。不久（該年五月一日）就有抗戰歌曲的演出。此後幾乎年年都有抗戰歌曲憶唱會、抗戰老歌同唱會，九五年七月八日並特別舉辦懷念鄧麗君老歌同唱會等等。這些可敬可愛的忘年資深歌手們，他們不但爲自己而唱，更爲愛好金曲老歌的朋友們而唱；他們不但由音樂教室而走上表演台、走向僑界，更遠征其他城市。聲聞美國各地僑界。如：

一九九五年五月二十三日遠征達拉斯，爲慶祝抗戰勝利五十週年而舉辦了一場愛國歌曲演唱會。極獲佳評。也給團友們帶來莫大的鼓勵。

一九九七年八月二十三日，爲慶祝老協及僑教中心成立十週年，百齡合唱團擴大舉辦七七抗戰六十週年愛國歌曲演唱會，演出極爲成功。不但觀眾爆滿，受到休市僑界廣大群眾的喝采與肯定，甚至聲名遠達洛杉磯，乃有同年十月二十五日，在洛杉磯第二僑教中心力邀之下，前往公演了一場別開生面的歌唱演奏會。觀眾熱血沸騰，「百齡」聲譽日隆。

總之，兩次遠征均能載譽而歸，堪慰老懷。除此之外，每年凡休市僑界節慶、晚會、或特別歌唱以及綜藝性演奏會。總是少不了百齡合唱團的麗影。

金曲盛宴為你設

百齡合唱團由於十多年來，不下數十次的成功演出，激起了這一群熱情、忘我、愛唱的資深歌手們再舉辦一次大型的懷念老歌盡情唱的衝動。於是在王亞文老師主導下，半年前就開始籌劃，精選了三、四十年代的流行老歌二十首。首首都是文詞典雅、旋律優美，充滿詩情畫意的金曲。這次演出，創意特多。人分組：有甲組a、b部，乙組a、b部。夫妻組。男聲組、女聲組。歌也分組，二十首分五組：

第一組迎賓組曲：有「我要爲你歌唱、我是一隻百齡鳥、永遠的微笑、幸福在這裡。」

第二組賞佳節渡良宵組曲：有「一輪明月、蘇州河邊、綠島小夜曲、一簾幽夢、晚霞滿魚船。」

第三組月圓花好組曲：有「月亮代表我的心、月圓花好、紫丁香、玫瑰玫瑰我愛你。」

第四組人有悲歡離合組曲：有「寄語白雲、人隔萬重山、秋水伊人、重逢。」

第五組珍重再見組曲：有「莫忘今宵、今宵多珍重、何日君再來、百齡之歌。」

各組均有分組伴舞合唱、齊唱或混聲二部合唱及舞蹈。

「百齡」全體可敬可愛的長者們，爲了這場演唱會，不僅忙著添新裝、製行頭而已。更爲這次盛會能圓滿達到共同的理想境界，而有更多不爲外人知的付出。如平日只有週六練唱，而這幾月增加到全週分組練齊唱、練合聲、練配合動作、練舞蹈，大家都是這把年紀、大熱天的、大老遠的，幾乎天天（尤其是指揮王老師她要場場必到）趕來僑教中心，像趕廟會似的，更像辦喜事似的，大家喜喜哈哈，真是累在身上，樂在心裡。最讓人肅然起敬的是爲了增加場所練習等等，經費不足，團員們紛紛解囊，有的甚至私人樂捐美金五百元。更有原已遷往他州的老鋼琴伴奏姜克強先生，專程趕來，共襄盛舉。

總之，大家犧牲奉獻全是爲了圓一個「懷念老歌盡情唱，唱出我心裡的舒暢」的美夢。這個「美夢」裡，應該有你也有我以及僑界所有愛歌族。人人免費入場。

記住，九一二來時別忘了帶條手帕，以免心花怒放情緒激動時，可能會熱淚縱橫，忘了今夕是何年！？

見〇四年九月五日【美南週刊】

何處覓「桃源」　164

千年鄉愁篇

千年「鄉愁」序

「少小離家老大回，鄉音未改鬢毛摧。兒童相見不相識，笑問客從何處來。」唐大詩人賀知章的這首【回鄉偶書】，千百年來一直是一般「少小離家」，長年在外流浪作客的人最愛唸的。因爲這是他們的心聲寫照、是他們心裡的「痛」。然而，筆者總覺得這雖然是千年「鄉愁」萬人「痛」，但這種「痛」對筆者，或某些僑居海外的長者們來說，似乎仍嫌不足，因爲「詩中人」的「回」是「歸人」，而筆者和某些僑居海外長者們的「回」，卻仍然是個「過客」。奈何！

再者，筆者漂泊在外將近一甲子，家鄉事物幾近全變。連寫信都不習慣，常常仍然寫成「山東省嶧縣多義鄉多義溝」，因爲這個地址，不僅是我當年離家時的老地址，也是我現在所有資料上的永久地址。當然這封「家書」，要是用這個地址寄出去的話，那是永遠到不了「家」的！這時只好將信封撕掉重寫，要寫成「山東省微山縣韓莊鎮多義村」。數年前首次「回」鄉，腦袋裡裝的全是幾十年前的家鄉形貌，然而面對的卻是完全變樣的原野、道路和村落。記憶中的「多義溝」不僅是多義鄉的行政中心，那條由北而南經過我家門前穿村而過的大街，更是古今南北交通要道。村南村北「要道」旁各有節義牌坊一座。村內雖多爲布衣平民的茅草房舍，但也不乏官宦世家、書香門第的宏偉大家宅院。村西有「西廟」，村北有「北廟」。村子周遭圍繞著六七個大水園。因而村雖不大，卻是一個標準的古色古香、民風純樸敦厚的華北小集鎮。村西約二、三華里是南北交通大動脈的「津浦鐵路」。再向西約一、二華里，就是當年獨當南北漕運的「大運河」。河的西岸緊鄰微山湖。據長輩們說；我村當年是南京北京官道上的驛站之一。到了抗戰勝利前後，雖然早已沒有了「快馬傳報」的場景，但家鄉人仍然叫我家門前的這條大道爲「官道」，而且「官道」上仍然是車水馬龍，客商南來北往熱熱鬧鬧的。然而現在回家的車子，雖然有人向我「提醒」，已經由「多義溝」北頭進了村子。但是我的眼睛所看到的卻是清一色的茅草房舍，並且一直搜索不到村北的大「官道」，和高高佇立在村子北頭的大「石牌坊」，更見不到當年熱熱鬧鬧的街景。車子好像只在古老靜寂的巷子裡穿梭，我真懷疑是不是開車師傅走錯了村子？更誇張的是，車子已經停在了「家」門口，我卻茫茫然不知這是到了那一家？原來我家老房舍已經改建，家父當年中醫店面裡的櫃台、藥架等設施完全不見。對面「客棧」的「大門」，當年可容大馬車自由出入，如今已用一道土牆封閉，現在看到的是僅可一人出入的單扇小木門，而且門戶緊閉。據說我家門前的「官道」，早爲村西鐵路旁的新「公路」取代，村北的那段老「官道」因長年棄置不用而造成自然消失。村北村南的「牌坊」，早已拆除。村子周遭的幾個大水園，也都因荒廢而改變了用途。整個村子好像發麵饅頭似的，比過去脹大了不少，但卻不像我腦海中的家園。面對這樣一個變了調的家鄉景象，我心裡不禁自問，這裡就是生我、長我的老「家」嗎？讓我真是百感交集。

家母早年過世。家父在我離家後不久過世，算起來已是幾十年了。王氏母親只比我長九歲，當年我離家時，她才二十幾而已，現在看起來已經是一位「髮蒼蒼」的老人了。總之，而今家人親友見面要先經過「說明」，再透過我遙遠的追憶和思索，方能與現實相結合。尤其是讓我不敢相信的是，面前白髮皤皤的老翁，竟然是自己當年的同窗好友兒時的玩伴！？如今見了面唏噓之餘，也只能默默承受「白頭宮女」話前朝的悲涼了！李清照曾說「物是人非事事休，欲語淚先流」（註一）。這不禁讓我想到，我們的女詞人當年面對的僅僅是「物是人非」的場景而已，已經令她「欲語淚先流」。而筆者現在面對的可以說是「物非人非」「萬事皆休」，叫我情何以堪！也只有仰對蒼天，欲哭無淚了。

再者，常言道「觸景傷情」，而筆者「回」鄉已無兒時之「景」可觸，因而筆者不論是在海外，或「過客」似的回到了故鄉，兒時的情景也都只有靠閉目回想，或向「夢」中求了！不然，又奈何！

有時我在想，我有何德何能，上蒼讓我這有限的生命，正趕上這亙古未曾有的世界大變局。一出生就承受一次、二次「世界大戰」浪濤餘波的激盪和錘鍊。十四歲的「少小」年紀就被「內戰」逐出了家門。飄飄蕩蕩了幾近一甲子，嘗盡人間冷暖酸甜；看夠世界風情山川。雖然在那個浪跡天涯、飢寒交迫的日子裡，也曾對這「偉大的時代」怨過、恨過。但今日在「夕陽無限好」的餘輝中，仍能「我思」「我在」、坐看雲起、回顧前塵，心中實在是充滿了慶幸與感恩！今後將分段寫出「抗戰」前後，筆者「少小離家」前的一些童年回憶，以及退休後蟄居海外的一些故國情懷。姑且稱之爲「千年『鄉愁』系列」吧。

再者，近年來常以被大風吹離本土的「飛蓬」自比、自嘲。今以「飛蓬」爲題，成小詩如下以述所感：

天旋地轉一甲子　物異人非萬事休
那堪歸家是過客　上蒼無語淚空流

附　註：

註一：「物是人非事事休，欲語淚先流」見李清照【武陵春】詞。

見〇七年五月六日【美南週刊】

親恩：「欲報之德，昊天罔極」

——千年「鄉愁」系列之一

一

每年母親節，總是讓我想到，何時方能在天上見到我音容渺茫的母親？

我有兩位母親。一位是我六歲時，眼看着被黑漆大棺材抬出家門的生母高氏母親。一位是我九歲時，眼看着被大紅花轎抬進家門的王氏母親。

生母生我、育我，一把屎一把尿的把我撫育了六年，而我對親生母親的記憶，卻除了抬出家門時的黑漆大棺材，和安葬母親的土墳之外，腦海裡是一團模糊。然而今天最叫我欲哭無淚的是，就連安葬母親的土墳，也早已在當年國家「政策」之下剷平了。奈何！看來想見母親，欲識慈母音容，也只有期待天庭相會了！

王氏母親。從我九歲至十四歲離家時，前前後後也辛辛苦苦的照顧了我將近六年。想想那個年代，那個一天三餐、四季衣著鞋襪，全靠家庭主婦一手包辦的年代。而王氏母親也不過比我長九歲而已。以此年紀，一進我家門，換下新娘裝，次日就要井崖提水、下「鍋屋」燒柴煮飯，照料（父親、我、和妹妹）四口之家。想來也真難為她。再加上那個年代不但全家四季衣著鞋襪，全靠王氏母親一手縫製，就連縫衣服的線有時也買不到。往往也要她親手捻妥備用。尤其是一年後添了二弟，再兩年添了二妹，她既要一手帶孩子，又要一手做家事。這個「母親」當的可真是不容易！因此王氏母親對我的六年養育之恩，恩深似海！

二

我家雖然算不上官宦世家，但卻是一個實實在在的書香門第。家父　玉進公飽讀詩書。家鄉一帶的應酬文字，多半出自家父之手。在我六歲入小學前後，已經教我背誦了「三字經」、「百家姓」、「治家格言」等等一類的啓蒙文字。家父教我背書並不強迫，日後我才瞭解到那是「誘導」，正是所謂「遊於藝」的誘導。那時的鄉間不但沒有電腦、電視好玩，就連好玩的玩具，也很難買到看到。因此孩子們的空閒無聊時間太多，家父就常常以教我背書作爲遊戲。背會了、背多了，就給幾句讚賞，或賞塊糖吃。後來的幾年，這種遊戲多半在晚上進行，因爲那個年代晚上沒有電燈，父親叫我下午放學回來後，如果有功課，天黑前把它作完，免得晚上在一盞昏暗的小油燈下寫功課太傷眼睛。晚上的時間就全是談天和玩耍。家父有客人的時候，我就在旁邊聽他們談古論今；輕閒的時候，就口對口的（不用書本）教我唸些詩文。當時的我，既不太懂，也不大會寫，只會背「書歌子」。不過，這張口就來的「書歌子」對我日後的成長和發展助益非常大。尤其是「治家格言」，它可以說是我一生如影隨形的導師。自我少小隻身離家後，不論遭遇到任何事情，在我腦海裡都會立刻反應出「治家格言」內的相關指導文句，甚至還會反映出當年家父教我時的神彩，好像他老人家現在就在面前告訴我「要這樣做」一樣。回想幾十年來，歷經艱、困、險、阻，均能安然度過，甚至有時還會因禍而得福，這全要感謝家父的高瞻遠矚和教導的辛勞。

再者，我家世代「中醫」。因而家父理所當然的是中醫師。再加上家父年輕時，在軍中曾擔任過佐理軍醫一類的工作，所以在醫療上家父是採中西相輔相成，交互爲用的方式。這種「醫」術，在那個時代，鄉野村鎮幾乎完全沒有西醫設施的情況下，救了不少人。尤其是在一般外科的醫療上，不論是一般外傷、刀傷、甚至於鎗傷，只要不是涉及內臟或頭部的嚴重傷害，大致都可醫治。記得西藥極缺的時段，家父常令我到養蜂人家買些蜂臘，再配上幾樣中藥材，用鍋熬好濾出汁來，作爲醫治傷口的藥膏用，頗見成效。因而家父在家鄉方圓幾十里極負「醫」名。但也招惹了不少麻煩。所謂麻煩，是指半夜裡家父常常被幾個槍兵強行

「請」走，去給他們受傷的弟兄醫傷。據家父說，這強行「請」人的人，在那個時代（日本將要投降的那幾年），在日軍佔領下，不外兩種人；一種是趁火打家劫舍、綁票勒索的土匪，人受傷啦不敢露面。一種是專殺日本鬼子的游擊隊。這些游擊隊，不論是屬於「重慶」的還是「延安」的，在家鄉人的眼裡他們都是英雄。敢殺日本鬼子的英雄。他們常常化整爲零，摸崗哨、端道房（註），神出鬼沒。這種一鍋「端」日本鬼子的事，常有聽聞。有一次差一點被我親眼看到。事情是這樣的；我家村西靠近鐵路的地方，有個小周莊，莊子北頭靠沙河的一個大院裡，就駐着十幾個日本兵。沙河自東向西穿過鐵路流入微山湖，河這邊對着大院就是我家的一塊地。地裡的農作物成熟時，我和別家的小朋友常常在那兒「看莊稼」。一天傍晚我們正要回家，突然沙河南岸大院的方向槍聲大作，我們被嚇壞了，只有拔腿向家跑的分，那裡還敢回頭看！事後知道駐防在那兒的日本鬼子全被殺光。當然，不久日本巡防鐵路的「鐵甲車」開過來，向鐵路兩旁的村莊開了不少砲。當然，就在這類的游擊戰中，日本鬼子確確實實吃了不少虧。但是英雄們也難免會有傷亡，受了傷當然不能進城醫療，往往會找上家父。不過還好，不論是土匪或是英雄，他們對家父還算客氣，至少在安全上從未發生過問題。但在醫療器材上，常常因爲他們的突然轉移，或突然遭遇攻擊而受到損失。因而外科醫療器材就越來越少。救人的機會也就越來越少，殊爲遺憾！

家父過世時，我正遠在「有家歸不得」的異鄉，據說沒有留下任何遺言、遺照。但是他老人家的音容笑貌，永遠刻印在我的心裡。尤其是當年我拜別家人隨同學遠走後，家父又追到韓莊車站，再次把身上的錢掏光，塞進我的口袋。幫助我爬上人擠入的敞篷貨車後，留下一句話：「出去常來信」！沒想到這就是父親對我的永別遺言。奈何！父親的這句話和當時說這句話時木然的神情，低沈的聲音，時時映在眼前。

三

如今對我有六年養育之恩的王氏母親，她老人家已經八十多了，身體健朗。每年我不論多忙，都要跨海寄上我的一點孝心。然而我的生身父母，雖然親恩山高海深，卻「欲報之德，昊天罔極」！我將情何以堪？有時我在想，只有將我的身後遺骸撒遍故鄉，方能圓我「生不得一日事父母於堂上，歿應當千古伴父母於地下。」之孝思。亦合「落葉歸根」之古訓。

註：道房就是鐵路沿線的小站。當時的津浦鐵路全為日軍掌控，在沿線各小站上派有小股日本鬼子或二鬼子駐守。「端」就是全部消滅。就像飯菜一樣，一鍋「端」啦。

見〇七年五月六日【美南週刊】

故國何須神遊

——千年「鄉愁」系列之一

七年前，筆者住美國東北部的紐罕布什（New Hampshire）州。那是一個東西狹而南北長的小州。州內有南北走向的「麥爾麥克」河（Marrimack）。93號州際公路北接加拿大，南通波士頓。全州多山。尤其是北部山巒起伏，有所謂「山之鄉」（Mountain country）的美稱。由於北鄰加拿大，氣候也與加拿大頗爲類似。四季分明。樹木多楓，多寒帶松林。丘陵平原幾乎處處森林密佈，夏季如果你駕車兜風，不論你是行駛在開闊的大道，或山間的小路上，兩旁幾乎全是高松茂林，涼風迎面撲來。此時會讓你弄不清楚是身在北美，還是在「阿里山」上？難得看到幾處農場、農田。我們的住宅區，也全是被高高密密的寒帶松林圍繞。住在這兒，尤其是夏天的夜晚，使我時時有在「阿里山」或「杉林溪」度假的快感。入秋，山野河畔楓紅千里，Marrimack 河上「江楓漁火」的景色再再呈現，時常牽動我「曉來誰染霜林醉」（註一）的悲思和驚喜。冬季全州爲冰雪覆蓋，北部群山中更有全年冰雪不化的高山，名字叫

「白山」（White Mountain），此山不論在地理形勢和命名意義上，都像極了我國東北的「長白山」。此時此際，如果你迎着刺骨的寒風，踏着滿山滿谷的冰雪漫遊，你也會忘記了自己是在美國的「白山」（White Mountain），還是在故國的「長白山」下。春天一到冰雪融化，此時的「紐州」綠野如茵、柳暗花明、桃李爭春。在這春光明媚的日子裡，讓我心中常常滿懷着夢入「北國」故園的溫欣。而那朝、夕「春山」「霞彩」入河，好像我又回到了「日出江花紅勝火，春來江水綠如藍。」（註二）的江南。誰說「異鄉物態與人殊，惟有東風舊相識。」（註三）？看來這兒的「物態」和「東風」好像全是舊相識的。住在該州，雖然對我來說，是身在異國，但只要我對「老外」視而不見，不要開口交談，也就不會想到自己是個「老外」了。更不會勾起「山河雖美非我土」的悲思和「鄉愁」！這種感受當時曾以「故國何須神遊？」爲題，成一散文小詩。今記之於下：

故國何須神遊

是美北的紐罕布什
還是夢寐中的神州故園
只要我走出城
只要我比雙鶴架遊的烏龜聰明

永不開口、永不發言
準不會墮入異國鄉思的愁淵

＊　＊　＊

是這兒的四季待客殷勤
還是這兒的山川花木有緣
「紐州」的炎夏特別為我招來
杉林溪的清涼為伴
阿里山的松濤催眠
「麥爾麥克」河的秋風為我舞出
姑蘇江楓紅彩千里
西子煙波風情無限
「白山」的冬寒為我堆起
塞外鋪天蓋地的銀色原野
東北長白冰雪皚皚滿山
「山之鄉」的春姑娘更為我遍抹

南國江花似火、春水如藍
北地桃紅柳綠百花齊放的美豔
故國何須神遊
多情亦不必笑我
——髮已華、鬢已斑

附註：

註一：見元王實甫【西廂記】。原曲是「碧雲天，黃葉地，西風緊，北雁南飛。曉來誰染霜林醉，總是離人淚」。

註二：見唐白居易【憶江南】。

註三：見宋歐陽修【春日西湖寄謝法曹歌】。

見〇七年五月六日【美南週刊】

網兔子

——千年「鄉愁」系列之三

家鄉網兔子就是用長長的兔網捉野兔子。這是一種多人合作的野外活動。在抗日勝利前後，那個沒有電視、電腦、電動玩具，甚至鄉野村鎮連電影是甚麼玩意都弄不清楚的那個年代，這種活動是很吸引人的。主導這種活動的是背部微駝的林三哥。

林三哥就住在我家隔着大街的斜對面，以賣「粥」爲業。賣「粥」是夜半就要起來操作，黎明開始「叫賣」的辛苦工作。我小時常常披星戴月趕著上早學，這時一定要到他的「粥」鍋邊來碗「粥」。不過，賣「粥」雖然辛苦，但是也有一個好處，那就是大約上午十點一過，就沒有什麼大事啦。所以我下午放學回來，常常見他用比電線稍粗一點的繩子結網。網眼很大，我的拳頭伸進伸出綽綽有餘，網寬約一公尺，網長是多少始終搞不清楚，只見網子結長了，他就把前面的捲一捲繼續幹，好像沒完沒了似的。秋後的一個星期天，上午「粥」鍋上的生意快結束的時候，林家門前聚集了不少人，我也跑過去湊熱鬧。不久看到林三哥從屋裡拿出一團網子，七八個約半人長一頭帶尖的細棍子，分配給大家帶着。每人另外好像還帶着乾糧和飲水。大家在三哥一聲：「走吧！」於是這十來個老的、少的、半大不小的追隨者，簇擁着林三哥向村北的野外進發。我趕快跑回家隨便抓點吃的喝的追上去。

家鄉魯南是屬於古老的丘陵地。村南有坡度緩和的南山。村子東、西、北三面大致平坦。不論是斜坡或平原，全都是典型的華北旱地農田。田野間土黃色的野兔子很多，它們的繁殖力又強，因此田間常常看到野兔出沒。夏季農忙時雖然時常聽到「兔子！捉兔子！」的喊叫聲，但是能夠捉到兔子的很少。因爲兔子只要往茂密的「莊稼」地裡一鑽，你對它就無可奈何。而現在正是農作物收割完畢的秋後時段，田野空曠而蕭瑟。出了村子，一伙人成半展開隊形跟隨林三哥，好像要找人打架的那種態勢。大家一面說說笑笑，一面漫無目的的向前走。走着走着有人突然尖叫：「兔子！」果然看到前面一隻兔子，正在蹦蹦跳跳的逃跑。林三哥立刻小聲警告追隨者：「大家不要再出聲，看它停在什麼地方！」兔子不久跑進一片枯草叢，草叢距離我們的位置看起來很遠，總有幾十或百來公尺。大家鴉雀無聲的觀察了幾分鐘，它好像隱伏在裡面沒再出來。於是三哥壓低嗓門說：「現在開始架網。小孩留在原地，任何人都千萬不要出聲！」只見他一面說話，一面伸出手掌將人群一分爲二，一面指指點點的說：「網架好後右邊的跟他向右走，左邊的跟他向左走！」。當然，這裡所指的兩個「他」，已經都是來過多次的「識途老馬」。吩咐完畢，三哥和幾個帶東西的年輕人，向前走了幾步，把網子打開由兩個人拉扯着向兩邊走，越拉越長，乖乖！總有幾十公尺長。網拉開了，拿棍子的趕快走到網邊，用帶尖的一端向地上插，插不動的就拿出預先準備好的石頭向下搥，不過盡可能的不要弄出大聲。七八個細棍子插好了，然後把網子拉起掛在一個個棍子頂上。網子的高度看來像網球場上的網子。棍子與棍子之間的距離，也與網球上的網子長度差不多。但是這個捉兔子的網子，要比網球場上的網子長出五六倍，或六七倍。在形勢上看來像一條以草叢裡的兔子爲中心，略成弧形的一段小長城，頗爲壯觀。真是所謂「人多好辦事」，不一會工夫架網完成。這時所有跟來的人，就照三哥的分配分成兩半，各隨「領導」，靜悄悄的向網子兩頭走。每個人都是一面走，一面兩眼盯著兔子隱藏的那片草叢。走到盡頭，兩批人馬完全以草叢裡的兔子爲中心，成大包圍的態勢，不遠留下一個人。當然，網子那一面是不留人的。看來此時不論大人小孩，人越多越好。人越多場子越大，場子越大兔子越不易發覺。陣勢擺好了，三哥一聲令下，大家一同向「草叢」方向前進，並且邊走邊叫，好像在舉行喊叫比賽似的，看誰的嗓門大。不久，兔子果然耐不住，衝出草叢就跑，跑了幾步，發覺前面有人，轉頭再跑，賣力的跑向那個既無人、又無聲，它自以爲安全的方向。跑呀跑的！一頭撞到網上，有時網子會被撞倒。這一撞兔子頭必然進了網眼，於是兔兒越掙扎網子就越纏身而不能自拔。

這時手腳輕快的年輕人，立刻趕過去連網帶兔子一把按住，當然是手到擒來。

就這樣子一場又一場。中午餓了各人自己隨便吃吃。那天到下午回家時，好像一共獵獲了三隻。據說這個烏合之眾的「網兔隊」很少空手而回。當然，有時不走運，正在駕網時，兔子突然拔腿跑掉也是常事，這時只好收網走人，繼續在野地裡尋覓獵物。有時運氣好，會一天捉到好多條，更有時會碰到兔子窩，一網就是三四條。

回家後，三哥對殺兔子似乎也有一套絕活，他先把兔子吊起來，只見他用刀子在兔子頭上劃了幾下，抓住兔皮向下一拉，就像脫衣服一樣，一下子把它脫得光光的，然後把內臟取出。殺好了，就將所有兔子一起放進他的大「粥」鍋裡，煮上一大鍋兔子湯。兔子湯好了，香味遠播，村北頭的街坊鄰居們，不管有沒有參加捉兔子，來賞光的通通歡迎。一碗兔子湯，幾口兔子肉，大家喜喜哈哈，熱熱鬧鬧。回想起來那個場面，那種人與人之間彼此情感之真誠，言談之坦率，遠非今天大都市裡的高層宴會可比。難得！

有時我在想，兔子之所以這樣子被網捉到，就因爲它有些小聰明，自以爲靜悄悄的那一面一定安全，才會墮入陷阱。如果它笨笨的，不管你有人無人，不管你大聲喊叫，就是硬闖的話，就憑它的腳下工夫，相信沒人能夠捉住它。尤其是當時它要是向我闖過來的話，那時只有七八歲的我，不但捉不住它，當場不被嚇哭才怪。再者，人比兔子當然更聰明，有時就是因爲這個「更聰明」而吃虧、上當、入陷阱。如「空城計」裡的司馬懿，當年面對諸葛亮城門大開的空城，如果他的聰明和兔子等級的話，他就會毫不猶豫的揮軍進空城，定會大獲全勝，活捉諸葛亮的。可惜他比兔子「更聰明」，才會自以爲是的，向着城門樓上的諸葛亮說：「我不進你的城！不上你的當！」而上了當。總之，天下事就是如此，總是「聰明反被聰明誤」的！奈何？

附言

筆者長大後才知道，家鄉的網捉兔子其實在「古早」的年代就有。在【詩經】的【兔罝】篇裡就有簡單的描述。現在把它寫在下面，提供有興趣的讀者朋友們參閱；

【詩經、兔罝】：「肅肅兔罝，椓之丁丁；赳赳武夫，公侯干城。肅肅兔罝，施于中逵；赳赳武夫，公侯好仇。肅肅兔罝，施于中林；赳赳武夫，公侯腹心。」

兔罝就是兔網。這是一首「興體」詩。全詩共分三章，各章的前兩句，也就是「肅肅兔罝，椓之丁丁」「肅肅兔罝，施于中逵」「肅肅兔罝，施于中林」雖然只是詩句中引起下文的陪襯，但卻也提供了一些資料，讓我們瞭解到，先民們如何「椓之丁丁」的架兔網，兔網架設於四通八達的路口上，架設在樹林裡等等。這樣才好捉到兔子。

見○七年六月二十四日【美南週刊】

西大湖捲魚

——千年「鄉愁」系列之四

西大湖就是跨越蘇北、魯西一帶好幾個縣的微山湖。因爲湖在我們多義村的西方，湖面又大，站在湖濱向湖上看去，簡直是汪洋大海無邊無際，所以家鄉人喜歡稱它爲西大湖，或簡稱「西湖」。當然，我們家鄉人所謂的「西湖」，與杭州的「西湖」是沒有任何關聯的。所謂「捲魚」也是一種多人合作的群體活動，就這一點來說和前次所談的「網兔子」頗爲類似。但在做法和實質的內涵上是大異其趣的。這玩意兒雖然也是人越多越好，人越多場子越大，場子越大就更能捉到更多更大的魚。但是因爲它是水裡的活動，所以女的和小孩子是不可以參加的。我之所以能夠親眼目睹，是沾了「四老爺」的光。

「四老爺」是家祖父的親四弟。從我懂事時他已經是位「老人家」了，年輕時也曾南征北闖，做了不少大事。因爲終身未能「成家」，老年在生活上雖然有父輩四家奉養，但在精神上顯得孤獨、落寞。自王氏母親來家後不久，他老人家就和我同住在我家店面的偏房裡。偏房就是我的書房，房門上的對聯是「出交天下士，入讀聖賢書」。這是家父爲了勉勵我，親手書寫的。「四老爺」雖然沒有讀過很多書，但由於他人生閱歷豐富，稟賦剛毅而仁慈，對於後輩的關懷和照料是非常用心的。我之所以經常摸黑上早學，多半得自他老人家的鼓勵和協助。有風有雨或天冷時，他常陪我到對面「粥」鍋邊喝碗「粥」，然後看着我去上學。天晴氣朗時，天上的星星亮晶晶，雖然他的眼睛不太好，卻仍然經常用手指向大的方向，叫我自己辨認那裡是天河？那裡是牛郎星、織女星、杓子星（北斗星）、三星？並且也常告訴我「三星對門，門口坐人。」一類星座與時令的關聯性等等。閒暇時他更非常高興的向我講述一些從戲劇、說書、大鼓、玉鼓等等曲詞裡得到的民間忠孝節義故事，以及他自己當年「過五關斬六將」的人生歷練，並感慨陳述當時成敗得失的關鍵所在。說到高興處往往開懷大笑，傷心時總是老淚縱橫。所以我在童年時代——也就是正當我人生旅程的起跑時段，無意中承受到了「四老爺」對我在人生旅程上的啓發與指導，讓我終身受用、永遠感恩。

當然，「四老爺」孤寂的生活中，閒散的時光太多，需要排遣。像「網兔子」「捲魚」一類的活動，只要有人告訴他，他往往都會參加，但卻不會讓我知道。因爲他不希望我變成野孩子，更不願我遭遇到危險。一次人家來約他下「西湖」，正好被我碰上，只好向我約法三章「不准脫掉鞋子下水、不准亂跑、只能在指定的岸上玩！」待我一一應諾後，才勉強准許我跟去。「捲魚」的隊伍出發了，由於這種活動是在水裡，所以往往在夏季天熱的時段進行，因此參加者大多袒胸露背衣衫不整。這一群老的、少的、扛扁擔的、背籮筐的，看起來比「網兔隊」更像烏合之眾，更像一群難民。一群人出了村子，沿着沙河岸邊的泥巴路向西行，穿過津浦鐵路，再西行約二三華里，遠遠看到一條翠綠而凸起的河堤橫在面前，「四老爺」告訴我，那就是貫穿南北幾千里的「大運河」。河身寬大，兩岸都有高高的綠堤。站在堤上面對此河，似乎仍然可以想見昔日漕運頻繁時，船隊往來的盛況。當然，這也明顯的告訴我們，這是一條人工大河，堤是當年從河裡挖出的土石堆積而成的，爲了挖掘它，看來不知耗費了多少人民的血汗？難怪人們往往把「大運河」與「萬里長城」相提並論。我家鄉的這一段運河，當時已經乾枯，雖然無橋而行人車輛仍然可以走過去，不過車輛上下河堤時需要大力協助才行。

過了運河就是「湖」。湖地看起來平坦而遼闊，長滿了草類和蓮荷。有的荷葉超越草面，亭亭玉立、迎風搖曳。偶而也可以看到幾朵紅紅的蓮花向人招展，可就是看不到水，湖水至少遠在一兩百公尺以外。在這一帶似乎河堤就是湖岸，向湖這面的河堤上滿是大塊岩石，據說是爲保護河堤而特別設置的。我們這夥人過了運河，很自然的向左轉順着河堤向南走，走到一處距離湖水最近的地段，大家停下來休息吃些自備的東西。之後，「四老爺」令我和其他幾個也是十來歲的孩子，在河堤樹下的石頭上玩，一再交代絕不可以下「湖」！大人們把他們暫時用不到的東西也都堆放在這兒。他們好像討論了一下，然後如同野外網兔子一般，也把人手分成兩隊，這兩隊人馬向左右拉開相當距離之後，從兩邊一個接一個的下水，緩慢而謹慎的向湖裡走去。入湖一段距離之後，也是以大包圍的態勢，人與人拉開距離，最後形成一個大圓圈。湖水的深淺好像一直都是差不多的，近處的約到大人的膝蓋，最遠的好像也到不了大腿。不久他們通通蹲下去，我們從河堤上看去，近的還知道那是一個人，遠的只能看到他們頭上遮太陽的「席甲子」(北方用蘆葦或高梁桿皮編成的圓形寬大遮陽帽子)。看起來這個大圓圈，好像用很多小圓點圍成的，美麗而壯觀。不久小圓點漸漸向圓中心移動，一個多小時後，大圓圈變成了小圓圈。再過些時，小圓圈漸漸變成了更小更小的圓圈，並且向岸邊方向接近。圓圈周圍看起來不但有人，還有一條高出水面的綠色東西圍着。不久「四老爺」和幾個年輕人上來拿扁擔、籮筐、小網子、盆子一類的東西。並且向我們說：「你們可以下去看看啦！」我們真是樂不可支，趕快脫鞋子捲褲腿，「四老爺」說話啦：「小孩子捲甚麼褲腿？又沒有女的，脫光下去！省得弄濕衣服麻煩！」我們幾個只好脫下褲子，把小褂（單上衣。長的稱大褂）拉高，一步一趨的跟着下湖。乖乖！湖裡的泥巴好像比水多，一腳下去污泥快到膝蓋了，難怪不讓我們下來。因爲我們在河堤上看他們工作時，離他們太遠，實在看不出他們蹲在水裡做甚麼？現在一面走，一面要求「四老爺」向我們解說。原來當他們把大圓圈陣勢擺好後，一同蹲下去就近拔水草，並且負責左右隊友之間的空隙。所以開始時較爲費時，待拔起的水草和左右隊友的大致聯成一線時，就一面拔一面向前推滾已經拔好的水草，就這樣一面向前推滾一面拔，圈子也就越來越小。等到水草的高度接近水面時，直接推滾水草前進就好，反正圈內的魚跑不了啦。到了這個時候，這場「捲魚」就算到了尾聲。「你知道爲什麼叫「捲魚」嗎」？「四老爺」轉頭問我，我搖搖頭。他說：「推滾水草就像在地上捲蓆子一樣，所以這種捉魚法就叫「捲魚」。」說着說着，那被雜草圍着的小漁場到了，看起來比一般家庭的客廳大不了多少，裡面翻翻滾滾的幾乎擠滿了魚類。幾個身手矯健的年輕人，接過筐子、網子，向水裡一撈就是半筐、半網蹦蹦亂跳的活魚。就這樣撈上一陣子之後，看看魚少了，再把水草向前推進一些，最後不論是大的、小的、圓的、長的，只要是在圈子裡的魚類，統統捉光。裝滿了兩個大籮筐。有人拿些水草把籮筐蓋起來，怕魚兒跳掉。然後每個籮筐由兩人抬着，再由幾個人在兩旁架着，踏着污泥一步一腳印的弄上岸來。

回到村子，兩個大籮筐向街頭的空地上一放，各家拿來了盆子、筐子、籃子擺了一地，只見一位年長的指揮着兩三位年輕的，就地分起「贜」來。於是先揀大條的，一家一條的分過去，大的不夠了，就拿一隻大團魚（有人叫它老鼈，身形圓而扁，背甲邊緣厚而軟，是家鄉的佳餚美食。）或一條長魚（鱔魚）補上。剩下小的不管它是甚麼長魚、團魚、烏魚、鯰魚、鯉魚，完全用隻小盆子，這家一盆，那家一盆。不夠了就再勻一勻，實際上分的人也弄不太清楚那是那家的，只要差不多就行。分好了大家喜喜哈哈的捧着「戰利品」回家。看來那天真是大豐收，不僅是「魚類」大豐收，也是「歡樂」大豐收。更讓我見識到了「捲魚」的苦與樂。這樣大太陽在水裡泡了幾個小時，也真是夠受的。聽說赤膊下水的，過幾天背上會扒層皮下來。但是大家卻總是樂此不疲，下次還是要搶着去。

當然，「捲魚」這玩意兒顯然是局部的「竭澤而漁」，不太合乎孟子「數罟不入洿池，魚鱉不可勝用也。」（梁惠王篇）的古訓，但卻是家鄉人「美味」與「歡樂」的泉源。

見〇七年七月十五日【美南週刊】

欣見「楊柳」

——細細柳絲是牽動國人千古情愫的「弦」

——千年「鄉愁」系列之五

一、他鄉遇「故知」

筆者香港城（休士頓華人　華亭園大超市）購物完畢，廊下小坐。抬頭忽見噴水池那邊，似有青青柳絲隨風輕擺，好像在向我這個多年不見的老朋友打招呼。驚欣之餘，也讓我悔恨不已，悔恨何以平日來此，總是對這伴我童年的「老友」視而不見哪？！記得十多年前住美國北部，第一次到波士頓市區公園遊訪時，一眼就看到那湖畔高約四五層樓的綠柳，那濃密的綠意好像無數條長長柳絲自樹梢一洩到地（不是「地」，應該說是「水面」）似的。船過樹下，遊客或脫帽、或伸手、或驚呼相迎。那種畫面讓我偷笑了好一陣子。現在也許是我老了。看看面前矮矮的「老友」，葉大條粗，似乎也老了。不太像當年家鄉漫天垂掛，煙籠東沙河濱的青青細柳。尤其是冬雪化盡大地春回時節的故鄉，在鋪天蓋地的綠意中，獨有那一絲絲、一條條、嬌柔、嫩綠的楊柳特別搶眼。想著！想著！我好像又回到了春色無邊的華北故鄉，面前正是東沙河畔的漫天細柳垂楊。

楊柳是華北故鄉一帶最普通、最普遍的樹種。雖然它不像桃李，既有豔麗的花色供人欣賞，又有美味的果實供人享用；雖然它的木料材質也並非上乘，但是在家鄉的地頭上、河岸上、或莊院內外，到處可見細柳垂楊。當然，也許有人覺得那是因爲楊柳的生命力特別強韌的關係！不錯，家鄉在春夏時節，你只要隨便將粗一點的柳枝砍下一截，插在潮濕的土地上，不幾天它就會冒出芽來，不幾年就又是一棵高柳。這正是楊柳的「生命特質」。也正是所謂「無心插柳柳成蔭」一語的緣由。但北國多柳、故鄉多柳、國人愛柳，絕非僅僅因爲楊柳的這種生命特質。應該是「她」那樹幹高聳、柳絲低垂、「柳腰」無風而自擺，搖曳多姿的「外貌特質」；以及「她」那輕柔的細細柳絲，就像無數隻纖纖玉手似的，不論你是柳蔭下小息，或是柳岸泛舟，只要你貼近「她」，「她」總是撫面牽衣的招惹你的「性情特質」。因而筆者覺得，也許楊柳具備了這獨特的「生命」「外貌」「性情」三特質的原故，不僅使得北國多柳、國人愛柳，更讓這細細柳絲於無意中成爲牽動著國人千古情愫的「弦」。

二、細細柳絲是牽動國人千古情愫的「弦」。

楊柳從「古早」年代就牽動人的離情；我們看【詩經．小雅．采薇】：「昔我往矣，楊柳依依；今我來思，雨雪霏霏。」詩中的「楊柳依依」既見證了詩人的離別時節，也顯現了詩人的離別情意。因而「楊柳依依」「依依楊柳」或直寫「楊柳」，乃成爲後代文學中描述「離情」的象徵。如漢人送別時總是「灞橋折柳」相贈。唐李白【憶秦娥】中感慨的說「年年柳色，灞陵傷別！」。當然，他不願人間有別離，乃更有：「春風知別苦，不遣柳條青。」(註一)的詩句。以及五代佚名詩人的【送別詩】：「楊柳青青著地垂，楊花漫漫攪天飛；柳條折盡花飛盡，借問行人歸不歸？」等都是楊柳直接牽動離情。其他如唐王維【渭城曲】的：「渭城朝雨裛輕塵，客舍青青柳色新；勸君更進一杯酒，西出陽關無故人。」；宋柳永【雨霖玲】的「多情自古傷離別，——今宵酒醒何處？楊柳岸，曉風殘月。」；晁補之【別歷下】的「無窮宦柳，無情畫舸，無根行客」以及近人徐志摩【再別康橋】中的：「那河畔的金柳，是夕陽中的新娘；波光裏的豔影，在我的心頭蕩漾。」等等，可以說不論是【渭城曲】的客舍青柳；【別歷下】的無窮宦柳；【雨霖玲】的岸上楊柳；【再別康橋】的河畔金柳，都是含蓄的隱隱牽動詩人離情。不過，這「含蓄」中更能動人心弦、透人心扉。

楊柳在詩人的眼裡，往往代表「春」、「春季」、「春色」。如唐王之渙的【涼州詞】:「羌笛何須怨楊柳?春風不度玉門關。」(註二)就因此詩而促使後人於塞外多植楊柳，乃更有「引得春風度玉關」(註三)的佳句與「春風不度玉門關」相對應。又楊萬里詩直言:「天欲做春無去處，直堆濃綠柳梢頭。」。楊柳既有「春」、「春季」、「春色」的象徵。更因此進而牽動詩人的「春心」、「春思」、「春情」。如唐王昌齡的【閨怨】:「閨中少婦不知愁，春日凝妝上翠樓。忽見陌頭楊柳色，悔教夫婿覓封侯。」這詩中的「陌頭楊柳」，一則讓閨中的「她」驚覺到忽焉春「季」已到；一則隱隱挑動夫婦久別的情淚春「心」，正是末句「悔」字之所本。這閨中少婦原本不知愁爲何物，然而被這春日的青青柳色這麼一牽動，勾引出多少「春思」、「春情」的愁與怨。宋張炎【西子妝慢】直指「楊花點點是春心」將楊柳「楊花」與「春心」直接劃上等號。

再者，有人直罵楊柳「無情」。但實質上是楊柳牽動了他的心「情」。如唐韋莊的【金陵圖】:「江雨霏霏江草齊，六朝如夢鳥空啼。無情最是臺城柳，依舊煙籠十里堤。」柳在此被罵「無情」最是冤枉。試問六朝的興衰更迭，干柳何事?柳自青青煙籠長堤，正如「鳥空啼」一樣，無所謂「有情」與「無情」!詩人在此大罵「無情最是臺城柳」，其實正是詩人內心對「六朝如夢鳥空啼」的感慨之情，被「依舊煙籠十里堤」的「臺城柳」牽引發洩出來而已。

至於宋朱淑真【生查子】的：「月上柳梢頭，人約黃昏後」。這似乎連情人黃昏相約，也要把「月」與「柳」拉來作燈泡。看來「柳」與國人的「情」，總是絲絲相扣的。

三、感謝老柳「老友」

現在萬分感謝池畔這棵老柳「老友」，它不僅引領我重溫故國春色，慰我鄉愁，更牽引我神遊古今。我不禁起身走向「老友」，卻發現它顏色形態似柳而實際非「柳」，難怪它臨風招展而不下垂！看來我真是老了！正沉思間，似乎隱隱聽到有人正在唱：「柳絲長，情意也長，想你想斷腸——」看來這絲絲細柳，正像無數無形的「弦」，千百年來，無所不在的牽動著國人的情愫！

附註：

註一：李白【勞勞亭】詩：「天下傷心處，勞勞送客亭。春風知別苦，不遣柳條青。」

註二：「楊柳」在此既是指一種哀怨的離別曲（【折楊柳曲】），也是兼指楊柳樹。

註三：清左宗棠帥軍西北多植楊柳，楊昌濬見而題詩【左公柳】：「大將籌邊尚未還，湖湘子弟滿天山；新植楊柳三千里，引得春風度玉關。」

見〇七年九月九日【美南週刊】

弔古戰場：「古戰場」就在我鄉、我村、我家

——千年「鄉愁」系列之六

一、國人心中悲涼、悽愴、恐怖的「古戰場」

「浩浩乎！平沙無垠，夐不見人。河水縈帶，群山糾紛。黯兮慘悴，風悲日曛。蓬斷草枯，凜若霜晨。鳥飛不下，獸鋌亡群。——」好一個悲涼、悽愴、恐怖的古戰場！這是李華【弔古戰場文】中的「古戰場」景。也是深深刻印在國人心中的「古戰場」景。【弔古戰場文】是我七、八歲時家父教我讀的。記得當年父親費了很大的力氣向我解釋又解釋，而我好像仍然是似懂而非懂。當時心裡好像老在想：既是憑弔「古戰場」，爲什麼還能看到「鳥飛不下，獸鋌亡群」那些驚恐場面呢？難道是戰爭從「古」一直打到今天嗎？還是在「古」戰爭中死亡將士的鬼魂天天出來打鬥呢？當年既有如此困惑，因而現在輪到了我作父、祖輩。給晚輩們選讀詩文，這篇文字是盡可能不選，或等他們長大後再選給他們讀，因爲很難說得清楚。

就算我曾走過絲路、到過西北，也只能說看過「浩浩乎！平沙無垠，敻不見人。」的大漠場景。至於「黯兮慘悴，風悲日曛。蓬斷草枯，凜若霜晨——」等等，那只能是一種想像。讓小小孩讀了徒增他們的困惑而已！尤其是在美國長大的孩子，他們所看到的「古戰場」，卻是一個個美麗的比公園還要美的場景。

賓州獨立戰場紀念碑

二、美國公園式的「古戰場」景

美國開國只有幾百年。美國國內大家所熟知的著名戰爭，不外是開國的獨立戰爭，和南北戰爭。九三年筆者與內人曾連袂隨旅行團，參觀、憑弔過賓州獨立戰爭「古戰場」。看來戰場佔地遼闊，據說華盛頓將軍曾率部與英軍在此困鬥多日。此處所有土地似乎全爲紀念該戰役而不作任何農業或其他用途。大凡當年兩軍的攻防態勢、工事、砲位陣地等等，如今大致修整、保持完好。全景林園式規劃，整潔雅致。重點處往往建置紀念碑，碑上多配以當時有關人物雕像，導遊一一解說甚詳。之後我們也參觀了「自由鐘」，以及在麻薩諸塞州的萊克新頓（Lexington）小鎮，鎮內大馬路交叉口豎立了爲獨立戰爭率眾發出第一槍的約翰派克（John perker）紀念碑。佇立在紀念碑上的約翰派克先生，抬頭、挺胸、兩手端槍、右腿挺立、左腿微屈腳踏矮石，神情顯得英勇而瀟灑。至此，不僅讓我熟讀了美國開國獨立戰爭史，好像也將我置身於昔日的獨立戰爭時空之中！

○五年我們又有幸一覽位於密西西比州的南北戰爭主戰場。戰場在密西西比河（MISSISSIPPI RIVER）畔。我們至訪客中心報到後，由於「古戰場」太大，我們必須乘遊覽車一一參觀、憑弔重要戰史紀念人、物、和場景。整體看起來，此地「古戰場」佔地比賓州獨立戰爭「古戰場」更爲遼闊，

麻州約翰派克紀念碑

整修美化的更像公園。實際上這兒的名字就叫 Vicksburq national military park。這兒最讓我難以忘懷的是停放在大敞篷下，南北戰爭時被打壞的殘破戰艦，以及戰艦近處，近兩萬爲這次戰役而犧牲的將士墓群。這艘殘破戰艦只能永遠在此供人憑弔；這些將士也永遠回不了家！

三、隱形「古戰場」就在我鄉、我村、我家

其實，真正的、真實的「古戰場」景，地球上是不可能看得到的！因爲既是「古」戰場，戰爭必然是已成過去，而且距今已經有一段時間。不論這段時間是幾千幾萬年，或僅僅幾年幾十年，當時的戰鬥場景，都不可能重現。因此，不但國人心中的「古戰場」景是想像，與當年實際場景有距離，就算是美國公園式的「古戰場」景，也僅僅是根據戰史，刻意修整地貌，建構砲、碑、人物雕像，供後人憑弔、紀念，以期警醒世人戰爭的慘酷，讓人與人之間永遠和平相處，不要再有戰爭而已。簡單的說，真正的、真實的「古戰場」景，已隱形於不同的時空。如當年黃帝與蚩尤戰於涿鹿之野，遂擒殺蚩尤（註一），這應該是個大場面，然而「涿鹿」在甚麼地方，學者們到今天還在紛紛考證呢！再如戰國時代的長平之戰，秦殺趙卒四十餘萬（註二）；秦末的亡秦之戰，楚軍夜擊阬秦卒二十餘萬人新安城南（註三）像這些歷史上的大戰爭、大場面，今天如果你站在長平之野或新安城南，看到的除了山野田疇或農舍屋

宇之外，又能看到當時戰場上的甚麼呢？我的家鄉大致與此頗爲類似！

筆者有幸生長於山東南部，名叫多義村的小集鎮。該村西行約十華里至微山胡畔；東行約四五十華里至嶧城（原嶧縣縣城）即是山區，再向東就進入大山區（沂蒙山區）。這西起微山胡畔，東至山區之間數十華里的走廊地段，就是我生長的故鄉，也是古今南北交通必經之地。在「千年鄉愁序」中我已大致說過；我村西行約二、三華里是現代南北交通大動脈的「津浦鐵路」。再向西約數華里，就是自隋唐以來獨當南北漕運的「大運河」。河的西岸緊鄰微山湖。我家門前就是當年南京通北京的古官道。當然，這地處要衝固然有客商雲集的好處（抗戰勝利前後，我就親眼看到我家對面客棧，南北客商雲集，生意興隆的熱鬧景象。）。但是一旦遇到大戰亂，不論是從北向南打的，或從南向北打的，我的家鄉都是必經之地。太「古早」的戰亂，如金、元、清

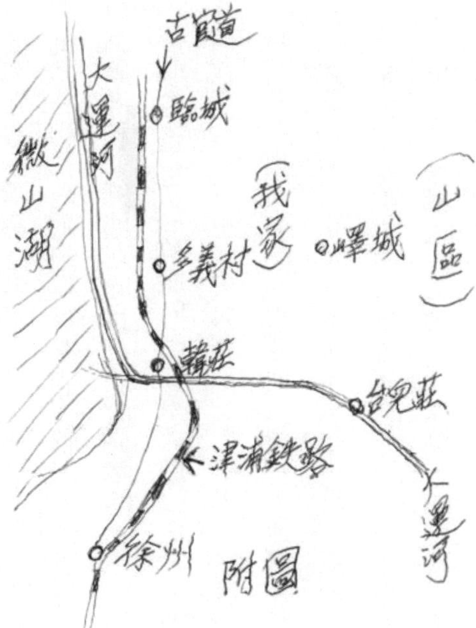

軍的南進，岳飛的北伐（我縣嶧城近處有岳飛養眼樓）等等，我們就暫且不談。因爲那純屬歷史。在此只想概略的談談，六十年前的「抗戰」和「內戰」在我家鄉的戰況。雖然這些也都已經成爲歷史，且已隱形，但確確實實曾爲筆者和家鄉健在的長者們所目睹的。

說到「抗戰」，大家不會忘記台兒莊大會戰吧！那是「抗戰」時期重大戰役之一。現在台兒莊有資料豐富的大會戰紀念館。台兒莊何在？台兒莊距我家只有六七十華里，它就在徐州（古彭城）的東北不遠處。自我村看去，台兒莊在東南方的「大運河」旁（大運河在我村西的微山胡畔，是南北走向，向南十八華里至韓莊則轉向東走，幾十華里後再略轉東南，即近台兒莊），而徐州在西南的津浦鐵路線上。三地成三角態勢，彼此都不會超過一百華里（請參閱附圖）。徐州雖屬蘇北，但在生活概念上卻與我的家鄉人是一體的。家鄉人辦年貨，或有喜事時買東西，總是下徐州而很少人上濟南，因爲濟南太遠。所以談起徐州、台兒莊，我總有說不出來的親切感。當年台兒莊會戰時我年尙幼，應該是還沒有入小學吧！對當時狀況不太清楚，但是有件事讓我印象非常深刻。那就是會戰結束，村人「逃反」（躲避戰禍）歸來，我親眼看到我家房子被戰火燒個精光，只剩下斷垣殘壁的慘狀。當然，之後也聽到村子裡在這次戰禍中死了不少人。有的是鬼子進村時躲避不及，直接被打死；有的被拉夫扛東西、抬傷兵，一去不回。總之，這次大戰我村雖爲外圍，但日軍前進、後退都是必經路線之一，因而犧牲仍極慘重。不過，侵略者也付出了應有的代價，那就是一直到今天我嶧城南郊的山野裡，尚可看到多處一坑埋葬了幾十、幾百個侵略者尸體的荒塚。至於自台兒莊大會戰至日本投降的那幾年，中國游擊隊時常突襲、或殺光鐵路沿線的日軍小據點而大快人心。但每當這種情事發生後不久，日軍都會迅速開來鐵甲車（專在鐵道上快速行駛的武裝戰車），向出事附近村莊開炮，並出動軍隊搜索抓人。我村由於距鐵道太近，往往是攻擊的目標，損失有時很慘痛。

鬼子投降後，國共「內戰」激烈登場。一九四五年日本投降。四六年初國軍以徐州爲基地揮軍北進。大軍由韓莊過「運何」，順我家門前的古官道北攻取「臨城」（今改名薛城）爲主線。另一路是由台兒莊過「運何」取我縣城（嶧城）。可以說兩條戰爭路線都離不開我的家鄉。不過還好，此戰「共軍」抵抗微弱，我的家鄉損失不大。但不久國軍連夜急速後撤（據說因某某部投降），由於車輛人馬過多，造成官道上、田野小路間，處處是南撤的部隊。因爲家父在地方上行醫多年，對家鄉一帶地形熟悉，半夜被「請」去帶路。此時的家鄉人習慣的瞭解到大戰、大禍就要臨頭，於是天剛黎明，撤退的軍隊尚未走遠，各家就紛紛挾帶細軟「逃難」。由於父親被軍隊「請」去帶路音訊全無，母親（王氏母親）懷抱二弟，不得不一面哭著一面帶著我和秀榮妹妹，跟著三位伯父各家一起逃到靠西大湖邊的運河堤岸上。也許這兒是最不容易受到戰火、炮彈波及的地區吧！河堤上到處是「逃難」的人家。但是這兒並無房舍，只有野草、綠樹和保護河堤的大石頭。我不知道別的人家是怎麼過的！只記得母親和各位大娘、堂嫂們，合力搬石頭架鍋煮了大鍋湯菜，拿出「煎餅」就地野餐起來。晚上我和幾個堂兄弟穿著棉衣，當時好像是過年前後，天氣實在太冷，鞋子也不敢脫，就擠在幾塊大石頭之間的空隙裡睡覺。上面用棍子就著石頭搭張蘆蓆，下面鋪了些草。長輩們怕我們凍著，拿一床被子橫著蓋在我們身上，個子大的弓著身子一夜都不敢伸腿。就這樣我們在河堤上過了好多天。雖然這些吃的用的極爲簡陋，但卻都是三位伯父和堂兄們，在倉促逃離家園時辛辛苦苦擔過去、背過去的。不然，我們可能凍死、餓死！所幸不幾天父親來河堤與我們相會。也告訴我們「國軍」已退守「運河」南，與「共軍」隔河對峙。又過了些日子，家鄉逐漸平靜，這才紛紛返回家園。自此之後「國」「共」以「運河」爲界，南北據守。直到入秋，「國軍」又揮軍北進。在對峙的這段時間，「國軍」常常以徐州爲基地，出動戰機至「運河」北的「共」區投彈、機槍掃射。一次我村駐有「新四軍」，戰機飛臨大肆機槍掃射，毀了不少房舍，當然也少不了有人傷亡。事後大伯手持一枚戰機上掉下來的大彈殼送我，說是在他家門前揀到的。想想當時「人」能懵懵懂懂的活著，真是「大命」！入秋，「國軍」北進前的夜晚，大舉向北發炮。半夜突然一聲巨響，我全村震驚，原來一發砲彈正中村北頭離我家不過幾十公尺的石牌坊。牌坊被打垮了三分之一（剩下的部分連同村南頭的牌坊，「解放」後一並拆除。這座北牌坊伴我童年，伴我長大，「它」可以說是我「故鄉」的精神象徵。每次回家鄉，我總是要到「它」原來的位置近處佇立良久！）。此戰「國軍」北進再再得勝。我家鄉遠離戰火年餘。一九四八年秋，我隨學校遠離故鄉。後來的「徐蚌會戰」必然也為我家鄉帶來傷害，而我卻未能與家鄉父老同在，殊為憾事！因此大致可以瞭解，從古至今只要是國家南北大戰登場，這時我的家鄉和家鄉人就會像足球場地上的「草皮」，被雙方人馬踏來踩去。死了的是「天命」，活著的是「運氣」。奈何！？同樣的，今天如果你站在我家鄉的村頭上，所能看到的，除了綠野田疇或農舍屋宇之外，又能看到當年戰爭中的甚麼呢？能看到我家房子在戰火中燃燒嗎？能看到牌坊被炮彈打爛，以及槍炮下村人傷亡哀號的場景嗎？那一切都隨時空而隱去了！當然，當時目睹者腦海中的記憶是抹不掉的！除非他們一並隨時空而隱去。

總之，所謂「寧為太平犬，不為亂世民！」。所謂「一將功成萬骨枯」。所謂「可憐無定河邊骨，猶是春閨夢裡人！」。應該是戰爭帶給古今中外人類的共同夢魘吧！又奈何？

附註：

註一：見【史記】五帝本紀。

註二：見【史記】秦本紀。

註三：見【史記】項羽本紀。

見〇七年十一月十一日【美南週刊】

丐幫：「叫花子」隊

——千年「鄉愁」系列之七

近日在家觀賞連續劇「神雕俠侶」。劇中看到「丐幫」選幫主的場面，於是引起我向身邊的家人和朋友，談談日本投降前那幾年，我親眼所見「丐幫」在家鄉的活動概況。

說起「丐幫」，今天不論是我的故鄉，或是全大陸、或台灣，似乎均已絕跡。也許有人要問，今天的黑社會組織是不是就是當年「丐幫」的轉型？據筆者的瞭解，應該不是。因爲他們在生存的理念和方式上相差太遠。

「丐幫」是一個幫派稱呼。在我家鄉這夥人被稱之爲「叫花子」隊。這「叫花子」和「要飯的」（或稱討飯的）雖屬同行，但在家鄉人的認知上是有差異的。「要飯的」多數是家鄉其他村子的貧苦人家（有時也有過路的），爲了生存不得不出來討錢、要飯。他們全是個別的。而「叫花子」卻是外來的、成群的、有組織的。他們所要的、所討的主要目標是「錢財」，而不是「飯」。

在日本投降（民國三十四年）前的那幾年，我已讀小學三、四年級。我村北頭的破廟裡經常住著一群「叫花子」，他們時常出現在我村的街上、「集」上。所謂「集」就是那個時代，北方小村鎮的早市。不過，「集」不是每天都有的。像我村十天只有四「集」，也就是三、五、八、十逢「集」。逢「集」時，周圍十餘華里約七、八個村子的農人、商人，都會趕來賣他們的農產品、商品，買回生活日用品。因此「集」上的人特別多，經常是人擠人。當然，在這兒討錢也容易。所以「叫花子」逢「集」必趕。他們也會跑到二十幾華里外的其他「集」鎮去趕「集」。他們的穿著、扮相，和連續劇上的「丐幫」極爲類似。他們顯然有一個領頭的，這個「領頭的」是不是叫「幫主」，我就不得而知。他們平日生活或外出，多半是成群結隊。他們那夥人常常到街北頭，我二伯父的小酒舖子裡喝酒，酒酣耳熱之後高談闊論，看起來好不快活。但出外「上班」（討錢）時卻多半是獨來獨往。據我在家鄉所見，他們討錢以博取「同情」爲重點，其方式有「叫街」的，「㔙頭」的，唱「蓮花落」的，以及普通個別討錢、討飯的；

一、「叫街」的

所謂「叫街」就是在大街上沿街喊叫。「叫街」的很少在「集」上看到，也許「集」上人太多、太擠，行動不方便吧。在那個時代，我不論正在家中作功課，或是在街上玩，只要聽到遠處傳來「老爺！太太！——」的喊叫聲時，就知道「叫街」的快到啦，我趕快跑到門口等著。一則好奇，一則有「使命」要完成。這「叫街」人，經常是右手握刀，獨自盤腿坐在比他的屁股大不了多少的四方坐椅或木板上，看起來像是不良於行的人。面前放一個小盆或小筐子，以便接受善心人的財物。座下似乎有小輪子一類的裝設。喊叫幾聲接受近處店家的「善心」後，兩手推動輪子前進十幾步。然後右手再握起他的雙料菜刀（那把雙料刀像是用兩片較薄的菜刀併在一起，以便相互碰撞而發聲，但卻由一個握把握住）高高舉起，向他袒露的胸部用力的拍打一下，發出「嘩啦」的響聲。接著就用他那宏亮、厚重、慢長而悲愴的聲調，一字一字的喊：「老爺！太太！行行好！」喊完「嘩啦」一聲，又是一刀拍在胸上，令人震撼。記得那時在我的心裡，實在是害怕多於好奇。等他到了我家門前時，我趕快過去將家父交給我的「小錢」，丟進他的筐子，完成「使命」後回頭就跑。因爲我看到他的那個樣子和手裡的刀，尤其是被刀拍打成紅紅的胸膛，心裡有說不出來的畏懼和難過！

這「叫街」的是不是真的殘障不能走路，還是故意裝扮以獲取同情，到今天我也不敢肯定。不過，我從未在二伯父酒舖子吃喝的「叫花子」隊裡，看到過殘障不良於行的人。

二、「剺頭」的

「剺頭」這種討錢法，我不論是當時，還是現在，想起來總覺得太慘忍，比「叫街」的更「慘」。現在提起筆來，幾乎寫不下去。所謂「剺頭」，就是在剃光頭的腦門上，從上向下（至額頭止）剺上一刀。刀口雖淺但是也有六七公分長。你可以想像到，那一刀下去，必然是血流滿面。既然是爲了討錢，當然就不包紮、不清洗。看起來不僅面相慘不忍睹，而且鮮血邊走邊流，滴滴答答人見人怕！這種「剺頭」的，多半是在「集」上活動，「集」市上人多，各行各業生意攤位一個接一個，看到「剺頭」的來了，攤位主人老遠都會把錢準備妥，「剺頭」人一接近，趕快把錢遞過去，唯恐滴血滴到他的攤子上。其他人看到「剺頭」人走過來，也都趕快退避三舍。所以「剺頭」的趕「集」討錢，不但容易、不但得錢多，更不必花費太多時間。尤其是我們多義村屬於鄉野小村鎭，「集」市上的人雖多而範圍並不太大，走上一圈很快。也許這就是「剺頭」人總是出現在「集」市上的原因吧！當時的我，每次看到「剺頭」人那種慘相，總是遠遠的一面看，一面心裡也在滴血。

關於「剺頭」人頭上的刀傷，我曾多次在二伯父酒舖子裡近距離看過。那密密麻麻的傷口，在光光的腦門上，就像在鮮嫩鮮嫩的雞胸肉上，由上而下輕輕的剺上幾道小口子似的。

從未見他包紮過，也不流血、不發炎、不結疤，就那樣子晾著。而且「勢頭」人喝酒、談笑，神色自若，好像甚麼事情都未曾發生過一樣。真是怪事！一直到現在我還在納悶，是甚麼樣子的靈丹妙藥，能夠讓他經常「勢頭」而不包紮、也不發炎呢？當然，也有傳言說他的頭並不是每次真「勢」，有時會用雞血、狗血往腦門上一澆，也會血流滿面。不過，不管如何，我親眼清清楚楚看到他的頭是確曾「勢」過，而且刀口不是一個。

三、唱「蓮花落」的

這種討錢法我從小就打心裡喜歡。後來在台灣或其他地方的晚會上，也經常可以看到「蓮花落」的演唱。當然，演唱的人是演員、明星，而不是「叫花子」。記得小時約八點鐘放早學（註一）回家吃早飯的時段，正是「集」市正盛的時段。路上只要碰到唱「蓮花落」的，我準會跟著看。只見他右手搖著「刮打板」，刮打！刮打！一面搖打一面唱，見到甚麼攤位、甚麼商家，就說甚麼話、唱甚麼詞。到今天我還記得，唱「蓮花落」最常唱的、也是他面對任何攤位都可以一再重複的唱詞。如：「掌櫃的，大發財，金銀財寶滾滾來！」。不但唱詞押韻，而且與「刮打板」的敲擊聲響合節奏。如果攤位主人給的錢令他滿意，他立刻高聲叫唱：「老爺您，發財！發財！發大財！」（「老爺您」三字快唱，佔一拍節）。如果攤位大、生意好，而給的錢太少，他就會兩眼瞪著攤位主人，低聲慢唱道：「老爺您，高陞！」高陞是陞高官，是奉承對方的美言。但意思是請對方高抬貴手再加多一些錢。如果對方沒有反應，他就會再唱一聲：「高陞！」如果對方加錢仍然太少，他就一面鞠躬，一面再加一聲「再高陞！」就這樣唱詞與刮打板的拍節，聲聲相扣，非常順耳。我總覺得這唱「蓮花落」的，見什麼人，唱什麼調，隨機應變、押韻合轍，還真是不簡單。雖然有點油腔滑調耍嘴皮子，但他總要有些小聰明才行。我時常聽著看著，不知不覺忘了早飯，誤了上學，回家挨罵。

至於第四類純粹沿街討錢、討飯的，多半是這夥人中的老弱婦孺，也許老弱婦孺本身就容易獲得他人的同情吧！而且也不多見。

總之，「叫花子」隊這夥人，大致以博得「同情」爲主軸而求生存。雖然「叫街」的以刀拍胸；「嗙頭」的以刀嗙頭，這種自虐、自殘的方式有些殘忍而不妥；雖然他們的生活品質低下，但據筆者所見所知，他們從不用偷、搶、脅迫等等傷天害理的方法取得財物。這似乎比今天某些政治人物、政治團體，用盡謊言、詐騙、威赫獲取利益，要高尙得多了！

再者，筆者當年「少小離家」之際，跟著學校，曾有段類似「叫花子」的流亡生活。記得十多年前，我們那些一起浪跡瀟湘的師生們齊集台北，爲我三聯中老校長王篤公（修）祝壽。他老人家當場留下一句名言。他說：「——我們當年在湖南，就像一群『叫花子』，我就是『叫花子』頭！」。引得大家開懷大笑。而今老校長仙逝已久，師長亦多已辭世。同學健在者散居地球村，各自含飴弄孫安享晚年，難得一見。所幸休士頓尚有六七位旅湘老友，常相聚首，堪可告慰。

現在回想起來，不論童年往事也好、流浪歲月也罷，如今盡已隨風而逝。奈何？

見〇七年十二月十六日【美南週刊】

附註：

註一：當年我的家鄉一天上三次學，吃兩餐飯。一大早就摸黑上早學，約八點鐘放早學回家吃早飯，飯後立刻回校上上午學。中午回家吃中餐後再回校上下午學。下午放學回家習慣上沒有晚餐。

「年」景

——千年「鄉愁」系列之八

一、華人心中的「年、節」

這幾天好友們知道我忙著訂機票，問我：「何時回去？」我說：「一月中。」「噢！你想回去與國內家人一同過年！？」「是。」「祝你有個溫馨快樂的新年！」我們彼此相視，發出會心的微笑。

以上的對話只有我們老「中」才能懂，才能心靈相通。因爲明明一月一號就是「年」，到了一月中旬，新「年」顯然已過，何來過年？這就是我們華人對傳統習俗的難以割捨了。雖然民國後，我國爲了順應世界潮流，改陰曆爲陽曆，但華人心中的「年、節」情懷仍在舊的陰曆（或稱舊曆、農曆）。所謂「每逢佳節倍思親」的「節」，必然是舊曆的端午節、中秋節、新年（行陽曆後稱春節）。新年是全年最大的節，舊曆新年才是華人心中真正的「年」、是華人的心靈寄託。至於陽曆對華人來說，那只是一張張何時放假、何時工作的時間表而已，對「心」是無所牽動的。雖然，如今不僅是海外，就算是國內或台灣「年景」也都淡了，但是盤據在國人心中的那分「情」，尤其年長的一代，是永遠淡不了的。所以筆者旅居海外每逢心中的「年、節」到臨，豈止思親，甚至思鄉、思土、思國之情，都是難以越過的「關口」。兒時的「年景」也時時浮現心頭。

一、那個年代

我的家鄉在抗戰勝利前後的那個年代，仍然是屬於所謂「舊社會」型態。民風純樸，自我記事到十四歲離家（1948），從未在我村以及周邊的七八個村子裡看到過政府治安人員，或幹部長期進駐過，而社會仍極安詳。在生活上，人民吃的是自家種的糧食，喝的是井裡打來的水。穿的是鄉民自種的棉花、紡的紗、織的粗白布。爲了讓這些粗白布變變顏色，記得當時大街上離我家不遠就有兩家染布坊，門前用細細長長的三根木棒，跨越大街搭建起比足球門更高更大的架子，以便晾曬染好的整匹布，而不影響下面的行人來往。染布坊染出的顏色，基本上只有藍色一種，但可以變化成老藍、玉白（淡藍色）、印花（藍地印白花）等等。秋冬老年人多穿老藍，孩子們多是印花棉褲棉襖，夏則白色、或玉白。雖然當時市面上已有「洋」

布、「洋」煙、「洋」貨，但數量太少也太貴。純樸節儉的鄉親們，絕大多數仍然穿粗布、抽煙絲，甚至用火刀火石打火，而不願意花錢買「洋火」（火柴）。總之，在那個年代，家鄉人過的正是所謂「日出而作，日入而息；鑿井而飲，耕田而食。」的日子。過年就更不用說，年貨幾幾乎全是地方上土製、土產，或各家自產自製的。

三、兒時的「年景」

過年在當時好像是天大的大事。今年正月一過，一切作爲似乎都是爲了過下個「新年」似的。春季下田工作了，孩子開學了，長輩往往向年輕人說：「好好幹！秋天收成好了，過年給你添套新衣服。」夏天東鄰買隻小豬，西家養隻小羊，往往聽大人們說：「養到年底正好殺了過個好年！」。中秋一過，大致就開始忙起「年」來。家裡人誰要添套新衣、新鞋，以及小男孩的虎頭帽子，小女孩的繡花鞋、花帽、花圍兜等等，這些都要家庭主婦和家裡的大女孩（當時女孩多數不上學，在家做做女紅，或一天到晚提著捻線陀子捻線。）一針一線的縫製，任何一件都不是三天兩天可以完成的工作。尤其是鞋子，要納鞋底、繡鞋幫，件件都要曠日廢時。因此身爲一家之主的人，老早就要計畫好，趕「集」買布、買材料，以便年前趕製完成。記得那時距離「年」關尚遠，就常見半大不小的女孩們，將她們自己繡製完成的花鞋、花手帕等等拿出來比，看誰繡得俊（漂亮）。

一入臘月，「年」關的腳步就更近了，各家婦女忙著打穀子（將穀子、稷子一類的在石臼裡打去外殼），準備燒臘八粥、做年糕；用石磨磨麵粉，準備過年蒸饅頭、包餃子；大戶人家殺豬宰羊，小戶人家也會到「集」上買一對紙糊的全豬全羊，準備上貢祭祖。「集」上當然也突然增添了花花綠綠、熱熱鬧鬧的年景。賣竈君（竈王爺）、門神畫的、賣各式春聯的、用竹竿挑著一對對紙豬紙羊滿「集」叫賣的，以及賣「竈糖盤子」或各色各樣土製貢品點心的，滿「集」滿街。所謂「竈糖盤子」就是圓圓厚厚，像盤子似的淡黃色麥芽糖塊。各家買回去加熱溶化、攤開，加上一層炒熟的麵粉，捲疊起來切成一塊塊，吃起來一層麵一層糖，在我覺得非常可口。這就是家鄉人臘月二十三（四）祭竈王爺升天用的「竈糖」。據說因為「竈糖」有黏性，竈王爺吃了之後會將他的嘴巴黏住，到了天上見到玉皇大帝，他就不會向大帝報告人間的壞事。這就是人們所希望的「上天言好事，下地保平安」吧！

我家算是小家庭，門口就是街、是「集」，有些東西隨手可買，然而王氏母親非常年輕（我十四歲離家時，王氏母親才二十三歲）能幹，事必躬親料理。年年總是親自向三伯父家借驢，向對面王家店借磨坊磨麵粉。向隔壁鄰居借大鍋炒花生、疊「竈糖」。至於擀麵條、包餃子一類的麵食就更不在話下了。因此我這家中的老大，當時寒假過年前後有三大工作：

第一件就是跟隨王氏母親作下手；這作下手也有很多好處；一則有好吃的先吃到，二則學到了不少「吃」的「本事」。至今好朋友來我家，包餃子、烙大餅等等都是我的拿手活。

第二件是牽春聯；就是家父寫春聯時，我在前面按著、牽著。寫好了拿到一邊晾著。每年年前家父都會幫鄰居們寫上一大票春聯。大的如店家的大門聯、門框聯；小的如貼在各家對面的「出門見喜」、貼在長輩臥榻邊的「身臥福地」、貼在驢馬槽邊的「槽頭興旺」等等，雖然有些迷信，但也增添了不少喜氣！

第三件是大玩特玩：那個時代過年是大人「忙」年，孩子們「玩」年。上學的孩子固然放寒假，不上學的這時已非農忙時段，也不必跟著父兄下田。孩子們湊在一起踢毽子、打線蛋（當時沒有皮球，只好用線纏成線蛋在地上用力打。）、趴在地上彈彈珠（玻璃球）、打彈弓、玩洋火槍等等。除了玻璃球是花錢買的，其餘所有玩具一概是自己製作。孔老夫子說過：「吾少也賤，故多能鄙事」。不過我長亦未貴，至今已然平賤如昔日。

四、真情流露的大「拜年」

當年過年最讓我難以忘懷的熱鬧場面、也是最壯麗的「年景」，就是大年初一早上的大「拜年」。現在「拜年」只是大家見了面嘴上說說而已，那個時代是真的要跪下磕頭，而且晚輩們成群結隊的一大早到長輩面前跪下磕頭「拜年」。所謂「晚輩」「長輩」只是鄉親們彼此相對的認定，因爲村子裡的人，都是幾代或十幾代住在一起，人人都知道彼此的輩分和稱呼。也就是說幾乎每個人在晚輩面前，他就是長輩；在長輩面前，他就是晚輩。這與實際年齡沒有關係。就如家父排行第五，在地方上輩分較長，到我家拜年的人群中，常常有人高聲叫：「五叔！五老爺！某某給您拜年啦！」實際上跪下磕頭的人，年齡可能比家父還大。有一回拜年的人群到了，我家正在吃早飯，於是我一手端著半碗餃子，一手趕忙去開門，人群奪門而進時，一不小心把碗摔在地上，一位看來比家父大很多的人立刻向我說：「大叔！沒關係！歲歲（碎碎）平安！」並且很快的拿掃把替我將地上的東西掃進畚箕說：「大叔！快把這些元寶（餃子）收進去！」讓我既感謝又慚愧。因此，大年初一早上，除非輩分特別長、年齡特別大或行動不方便的在家之外，幾幾乎村子裡所有的男人、孩子都會出來拜年。而且越早越好，越早顯得越有誠意。有時長輩尚未起床，甚至尚未開門或不在家，這拜年大隊就在門前土地上（有時是冰雪地上），一面呼叫著長輩的稱呼，一面誠誠懇懇的跪下磕起頭來，場面感人。現在回想起來，總覺得那個年代人與人之間的情感，真是純真而濃郁的可愛。

初一之後年年總有踩高蹺、划旱船一類的民俗活動。直到正月十五元宵節放罷煙火、鬧完花燈，這「年」才算過完。

而今蟄居海外，當年的「年」景是永遠無法重現。但「它」在我的心中卻永遠沒完沒了！

〇八年一月六日【美南週刊】

附篇

從一篇「中國通」的中文翻譯

——看漢字未來的走向

引言

筆者從未對漢字繁簡問題發表過任何看法。唯因最近兩件事讓我體認到，應該盡點古稀知識份子的責任。一、讀「華夏時報」（四月二十九日）「美國學校出現中文熱」的報導後，讓我深切了解到國外不僅華人子弟，甚至非華裔的外國朋友對漢語、漢文的學習，已日漸普遍而熱烈，這顯示華夏的光輝日趨燦爛。漢語漢字將會在世界語文舞台上佔重要地位。二、五月中赴西部 Lake Powell 旅遊。遊船上看到一份從英文翻譯過來的簡體中文景區介紹。因爲在船上觀景重要，未曾細看。之後，領隊于學長請船公司影印一份寄來，這才有時間詳加審閱。原來這七八頁的譯文是位「中國通」的傑作（我的好友馬先生，學貫中西，只看了半頁就得到與我相同的看法）。文末有譯者署名，果然不像華人。其實就事論事，以一位外國友人，能譯出這樣數千字的中文誠屬難得。不過，該文除了文字生澀外，還有些麻煩；如文中有「很多电影——地方排的」「須要大人的培伴」等等。像此類的麻煩還算好，一看便知，前者顯然是以「排」代「拍」，後者以「培」代「陪」。但是像「最重要直到图片本來有目的但是我們可能永遠不會直到图片的意思和原因是什麼」這樣單獨的一行，而又無標點，麻煩可真大了。我至少讀了三遍，才略有所悟的想到，將其中的兩個「直到」完全換成「知道」試試看，果然內容大致可通。我雖然未曾看過公布的簡體字原版全部資料，但我深信公布的簡體字，不可能以「排」代「拍」，以「培」代「陪」，以「直到」代「知道」。因爲兩者筆畫接近，不符合簡化的功效。這顯然是這位「中國通」對中國文字認知差距所造成。他似乎認爲中國文字可以隨便同音互用。將以上兩件事合起來看；那就是日後世界上學中文的外國朋友會越來越多，像以上這樣同音混用，造成難以理解的現象也會叢出不窮。這將是中國文字未來的大麻煩。現在讓我們看看，爲什麼會讓這位使用簡體字的「中國通」朋友，誤以爲中國文字可以同音混用？這個問題又將如何解決？

第一章　漢字之回顧

一、漢字簡體化早已是大勢所趨

漢字簡体化應該說是早已開始。因爲部分漢字筆劃繁雜，寫起來麻煩，費時間，這種感覺現代人有，古人也有，而且很早就有。如漢朝，在楷書通行不久，就已有楷書的簡體產生。如「仙」、「与」、「灯」、「乱」等字。宋元以來木刻書中也常見「声」「机」「窃」等簡体出現。因此筆者認爲，就算沒有近年來大陸漢字簡体化的大力推行，漢字簡體化也會逐漸開展，因爲漢字簡體化早已是大勢所趨。所以漢字簡體化，原則上是值得鼓勵的。但要持以謹慎態度。

二、簡體字的成就與瑕疵

簡体字的最大成就當然是書寫方便。不過這裡所談是指內容來說的。筆者據簡體字報刊所見，概略瞭解現行簡體字包含大量以前原有簡體字、行草轉化字、以及少量的古字（如「从」

用爲「從」。早見於漢許慎的「說文解字」等等），再加上一些新造字（如用小土爲塵之意，造「尘」代「塵」，甚妙。）。可見在文字簡化的工程上，動用了不少文字專家，也有了一些成就。但「瑕疵」太大。本文所謂的「瑕疵」，絕大部分就出在這新造字的「假借」造字法上。

「假借」是漢字造字法的「六書」之一。「假借」造字法並非真的另造一字，而是借音近的字，用作一個在意義上難以創造的字。現行的簡體字中大量運用此法。如：

借「斗」爲鬥爭之「鬥」，而量器「升斗」之「斗」意仍在。

借「面」爲「麵」、借「叶」爲「葉」、借「发」爲「髮」、借「余」爲「餘」、借「后」爲「後」等等，而「面」「叶」「发」「余」「后」的原字原意均在。於是就變成「臉面」與「麵食」混用一「面」、「叶韻」與「樹葉」混用一「叶」、「发現」與「頭髮」混用一「发」、「剩餘」與「余致力國民革命」混用一「余」、「皇后」與「先後」混用一「后」（「后」字古書上確曾有用爲「先後」之後處，但漢唐以來「后」「後」分明，甚少混用，以免語意混淆）。

再如「干」字，「天干」也「干」、「干涉」也「干」、「乾溼」也「干」、「幹部」也「干」。再加上「干」是象形字，原意是作戰防衛用的盾牌（註一），所謂「執干戈以衛社稷」即用其本意。真是一「干」「干」到底。

尤其讓我感到困惑的是「游」「遊」二字，在筆劃上兩者可以說完全一樣，只是「游」

的最後一筆拖長一些而已。以「游」代「遊」除了語意混淆之外，似乎達不到省事省時的「漢字簡体化」功效。而大陸上幾乎所有旅遊業，都把「旅遊」的「遊」用「游泳」的「游」代替。實質上與「游泳」不一定扯上關係。簡體字的報刊也多如此。不知是政府的規定，還是民間自己這樣寫呢？像以上這樣讓「借」意與「本」意並用一字的做法，不但該字本身易生混淆，而且易生同音字可以混用的不良影響。

記得前幾年大陸朋友來信說：「這件事你們尚乂」。我以爲他客氣，說我們尚道義。再詳閱上下文，原來是叫我們「商議」。後來回大陸見面時我問起此事，他笑着手指門前的牌子說：「你看！我們這邊「幹部」可以寫成「干部」，反正音差不多就行。」最近我在休士頓和國內來的朋友，談起此類問題，他們也認爲「國人確有同音字亂用的現象。不過那不一定是政府公布的」。由此看來，我們的「中國通」朋友誤以爲漢字是可以音近混用，將「直到」用作「知道」，也就不足爲奇了。

至於其他新造的「飞」「毕」「异」等字，雖然有另外的問題，但卻不會造成「語意混淆」和使人「誤以爲漢字是可以音近混用」的嚴重後果，在此不多談。

三、從文字演變中看先民運用「假借」的智慧

我漢字之所以能由象形文，成功的發展到今天，完全得力於一套完整的造字之法「六書」（象形、指事、會意、形聲、轉注、假借）。當然，比漢字早兩千年的埃及文、美索文，以及比漢字晚兩千年的那些文（註二），都曾有「六書」的使用痕跡，不過都沒有漢字的精密和完整。我先民造字：「物」有形可象則象形。「事」、「意」無形可象則用指事、會意。「指事、會意」也有人合稱爲象意字。如人言爲「信」、止戈爲「武」等字是。因爲有的「事」、「意」實在無法造出合適的字，所以不得不借重「形聲」「假借」。形聲造字法既有形（形即意）又有聲，最好用，所以漢字中形聲字所佔的比例最高。至於「假借」最麻煩，借多了容易造成語意混淆。但在漢字創造演變過程中不能沒有它，因爲有的意思實在無法造新字，只好「借」。被借用字與原字同爲一字，而意義截然不同，當然易生混淆。對這種問題，我們從文字的製造演變過程中，可以看到先民的智慧。下面舉幾個字例，請讀者一面看一面參考附圖。

（一）如「北」：「北」本是「背」的初文。是用兩個人背對背，以表示背道、違背之意。「北」既借爲南北的「北」，先民只好於北下再加一肉「月」，新造一形聲字「背」，以代替「北」的原意。從此「北」「背」各行其是，不相混淆。

（二）如「莫」：「莫」本是「暮」的初文。造意是太陽下山掉入草叢裡，表示天色已暮。「莫」既借爲止詞「不可以」用，先民只好於莫下再加一「日」，新造一形聲字「暮」，以代替「莫」的原意。從此「莫」「暮」各行其是，也不相混淆。

（三）如「它」：「它」本是「蛇」的初文。像形字。「它」既借爲第三稱用，先民只好於「它」旁再加一「虫」，新造一形聲字「蛇」，以代替「它」的原意。從此「它」「蛇」各行其是，也不相混淆。

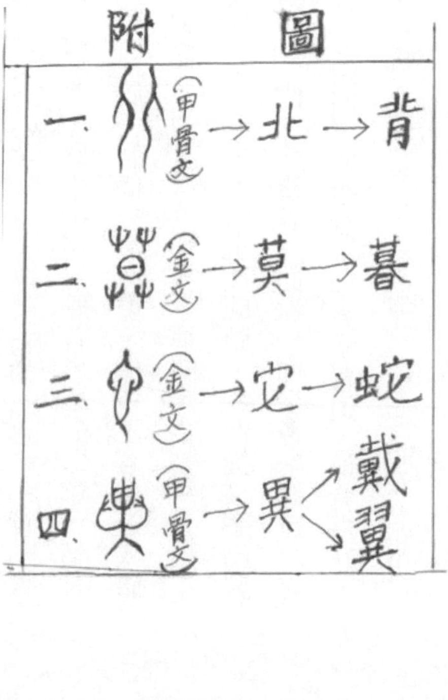

（四）如「異」：「異」字據甲骨文，像人頂著竹簍子，兩手在扶著它。後人據該字的形象，既有「頂著」和「扶著」兩層意思，乃引發出兩種解釋。因此「異」字成爲兩個字的初文。一，「異」是「戴」的初文。原意是頂著簍子或筐子。先民運東西有時用頭頂著（現在有的民族仍然用頭頂）。「異」既借爲奇異之「異」用，先民只好於「異」上再加聲符，新造一形聲字「戴」，以代替「異」的「頂著」之原意。如陶淵明詩「戴月荷鋤歸」，戴字即用「異」

的此一原意。二，「異」也是「翼」的初文（註三）。原意是扶著、扶助。「異」既借爲奇異之「異」後，先民只好於「異」上再加「羽」，新造一形聲字「翼」，以代替「異」的「扶著」之原意。從此「異」、「戴」、「翼」三字各行其是，也不相混淆。

總之，以上雖僅四例，已足可看到先人對運用「假借」態度之嚴謹。他們似已深切了解，文字在書寫上省時省事固然重要，但字意清晰決不混淆更爲重要。因此某字一被借用，儘可能加偏旁新造一字，以替代該字之本意。讓「借」意與「本」意，變成兩個或三個截然不同的字，以免混淆。

第二章　漢字未來的走向

回顧我國文字之創製，自幾千年前的「象形」始，一直到近代（註四），它是地球上惟一由像形文，一路成功發展出來的單音方塊字。在應用上，字意明確，爲文有對稱、四聲陰陽頓挫之美。遠非其他任何拼音文字可比。因此筆者希望，經過這次部分漢字簡體化後，漢字能以更完美、更方便使用的面貌，展現於世人面前。但由於漢字的特色之一是音少、同音或音近的字太多。同音詞義的區別，全靠不同的字來判定。因此漢字不太適合「拼音化」，或一字同音多用。不幸的是，由於近年「簡體化」過程中，過分使用「假借」，對原字意亦未作適當處理，乃造成一字多用。其不良影響現在逐漸浮現；

第一、現行簡體字中由於某字一字多用，直接造成語意混淆。如「游長江」，就辭意看，無法判定是到長江裡游泳哪？還是去長江旅遊？

第二、由於現行簡體字中某些字一字多用，使國內外人士「誤以爲漢字是可以音近混用」的。如前述「中國通」朋友的譯文將「直到」用作「知道」，以「排」代「拍」，以「培」代「陪」等。全不是公佈的簡體字用法。

第三、日後世界上學中文的外國朋友會越來越多，類似本文所舉「中國通」的譯文，或其他書面文字也會越來越多。正是所謂「一葉知秋」。於是造成難以理解的現象也會叢出不窮。這樣下去，會讓世上的外國人士覺得，中國語言很好，中國文字太爛。甚至於會讓他們產生厭惡、排斥。久而久之，將是中國文字未來的劫難。後果嚴重。

筆者有時想，當初「簡體字」推行時既有那麼多文字專家參與，何以在「假借」上出現這樣大的紕漏？是否當時有類似後來的「文革」意識所造成（註五）？如果是，「文革」時打爛的古文物如今多已修補。在漢字上似乎也可以加以「修補」。因此筆者有以下的「修補」建議：

一、凡是簡體字中因音近而借用的字，希望能像先民一樣另造一字，讓本意與借意各有專字，各行其是。如造字困難，就請明令公布「音近借用字」各回原位，並於教科書中率先實施。讓「干」「幹」「乾」、「面」「麵」、「叶」「葉」、「余」「餘」等等仍然各司其職（反正此類字並不太多，也不會增加太多寫字的麻煩）。以杜絕辭意混淆，並消除一般中外人士「誤以爲漢字是可以音近混用」的源頭。

二、待「借用字」問題解決之後，其餘所有繁簡漢字，希望能自自然然的走上「繁簡由之」「繁簡並用」的大方向。實際上，幾千年來漢字就是在約定俗成中，自然成長的。最近如休士頓有些一向用正（繁）體字的報刊，逐漸大量採用大家所熟悉的簡體字。再如以簡體字發行的「華夏時報」，報面上的「華夏時報」四個大字，以及中國人活動中心夕陽紅俱樂部，懸掛的「夕陽溫馨普照、紅霞燦爛光輝」對聯，全用毛筆正體行書，端莊典雅。這種對正（繁）、簡字，相互包容、和諧的使用趨勢，是可喜的。

誠能如此，不但可以消弭「由一次誤傳而引起的繁簡之爭」（註六），並可促進海內外華人團結。更能增強漢語、漢文在世界語文中的競爭優勢和強勢地位。

附註：

註一：見張卜庥〈中國造字的智慧〉一五二頁。
註二：那些文也稱庥些文。是雲南少數民族文字，雖已不使用，但前往觀光仍可看到。
註三：見向夏編寫的〈說文解字部首講疏〉七三頁。
註四：近代仍遵循「六書」造字。如「氧」，一看便知是一種氣體，讀音如「羊」。「鈾」是一種金屬，讀音如「由」等等，都是近代造的「形聲」字。如只求書寫省事，形與聲缺一則字意易生混淆。
註五：據中華民國僑務委員會出版的〈探究中國文字簡化問題論文集〉頁十四載：「——漢字簡化並不是『根本改革』而是過渡性的措施。其目的是為『拼音文字』準備和製造條件。其所謂『簡化漢字』」，其實就是改變字形，使漢字混亂而便於廢除。某某在『論中國文字改革的統一戰線』一書中，早即坦白指出：「為了消滅漢字，在某種程度上，打亂漢字的精密，正是必要的，在我們的立場言，漢字的那種過細的區別是為了防止它自身加速的崩潰而產生的，我們正應該打亂它。我認為別字代替淘汰漢字是消滅漢字最容易的方法」(見某某著『論中國文字改革的統一戰線』，上海『東方書局』，一九五〇年七月，初版，頁二九。)」。其中的「我認為別字代替淘汰漢字是消滅漢字最容易的方法」是否就是今日「簡體字」中「同音借用」過多的源頭？不得而知。

註六：○六年六月十一日「世界周刊」刊余創亳先生「由一次誤傳而引起的繁簡之爭」大作。謂聯合國決定零八年後，聯合國使用文字將採用簡体字，是一次誤傳。

見○六年八月十三日【美南週刊】

欣聞「漢字『簡繁共存』將以繁體字爲主進行統一」

——願「同音借用字」早日「各回原位」

去年（〇七年）十一月四日世界日報首頁大標題：「漢字擬統一，繁體字爲主」。並謂：「中台韓日學者北京達共識。中國力爭主導權，喊出『簡繁共存』口號」。並決定「製作五千多個常用標準字，將以繁體字爲主進行統一」。這個決定與筆者前年八月在「美南週刊」中所提的結論建議「待『借用字』問題解決之後，其餘所有繁簡漢字，希望能自自然然的走上『繁簡由之』、『繁簡並用』的大方向。」大致相同（註一）。但「借用字」問題如何解決，是否將明令公佈如「斗、鬥」「干、幹、乾」等等「同音借用字」各回原位？並無明顯處理結論。因此筆者欣慰之餘，不得不再盡一點知識分子的良心責任，談幾點最近所見（前年拙作中所未曾提到的），有關「同音借用字」錯亂古今、混淆中外的事例，以加強國家早日讓此類字「各回原位」的處理決心。

今年三、四月間回國探親旅遊。發現幾件新鮮事：

（一）四月一日與中科院的何先生夫婦同登濟南千佛山，赫然發現一佛舍，據簡介牌上標識，供奉的是殷王子「比幹」。我不但當時想不起殷王子中，是否有個值得後人奉爲神明的「比幹」，就是事後遍查古籍也找不到殷王子中有個「比幹」這號人物。倒是有個殷王子「比干」，因紂王淫亂無道，「比干」一再強諫，紂一氣之下「剖比干，觀其心」（註二）。像「比干」這樣以死爭的忠烈臣子，當然值得後人奉之爲神明！但不知簡介牌上的「比幹」，是否就是被暴紂剖腹觀心的殷王子「比干」呢？如果是，這似乎是對歷史名人（尤其是值得後人奉之爲神明的名人）的不敬，古名人的名字可以亂改嗎？如此一來，那蜀漢後主「阿斗」，更可以改稱「阿鬥」了！（這非常可能，現在我手上正有份某某週刊，其中一篇文章中的紅色小標題是「爲了升鬥小民的利益」，這其中的「鬥」字顯然應該是「升斗」也就是「阿斗」的「斗」字。）況且「干」「幹」二字在意義上差的太遠，而且讀音也不全同。當然，就算是寫成讀音完全相同的「比乾」，仍然不妥。因爲他是殷「王子干，封於比」（註三），所以稱他爲「比干」的。

（二）是四月十二日遊北京「國子監」。在一間展覽室內，牆上展示一大張乾隆時入取考生放榜的聖旨。上面有工工正正的「聖母皇太後」字樣（見附圖）。這文句中的「後」字，據辭意看似乎應該是皇后的「后」字，但上面清清楚楚寫的是前後的「後」，回顧我國幾千年來，一向是皇后、前後，「后」「後」分明，而這「聖母皇太後」的寫法，究竟是替乾隆寫聖旨大臣的誤寫呢？還是今人複製這份乾隆聖旨時的有意寫法呢？不得而知。但是有一點是肯定的，就是在那個時代，把「聖母皇太后」寫成「聖母皇太後」是錯誤的、是不敬的。

對於以上兩個問題，有人認爲「可能是今日簡體字的『繁簡』思維所造成。今人書寫『比干』神位簡介牌時，也許他自以爲今日的『干』是『幹』的簡體代用字，『比干』是古人，該用繁體字『幹』，乃將『比干』寫成了『比幹』。同樣的，今人複製那份乾隆聖旨時，自以爲今日既借皇后的『后』爲前後的『後』用，現在遇到真正的皇后時，就

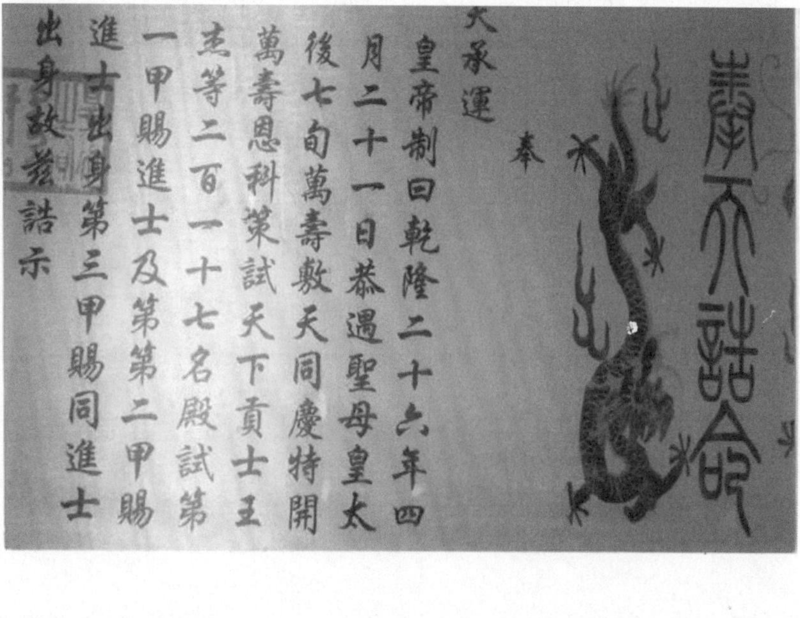

該把前後的『後』用爲皇后的『后』了」。是這樣子嗎？那某某週刊上的「爲了升鬥小民的利益」，也一定是在這種「思維」之下所造成的了！？

（三）這次回國，看到國內中小學課本裡增添了不少古典詩文，甚感欣慰。知道政府近年不僅大力修復古文物，更在中華文化的承傳和發揚上努力扎根。不過有一天午餐時，一位唸初中的晚輩向我問了個問題，使我感到困惑。他說：「古人詩中有『人面桃花相映紅』，是不是人一邊吃『麵』一邊欣賞桃花？」這一問差點讓我噴出飯來。這也難怪！君不見滿街「面店」、「面館」、「冷面」、「羊肉面」等等，不全是吃的「麵」嗎？他把「人面」聯想成「人吃麵」已經是夠好啦，如果他要是聯想成「人肉麵」，那才夠意思哪！古裝電影不是常有「下黑店吃人肉包子」的情節嗎？當然，這首唐朝崔護極近語體的好詩（註四），顯然是這位年輕人未經老師指導自行或課外閱讀的。以他小小年紀能夠自行閱讀古人詩，並能根據眼前資料自由思考，實屬不易，值得鼓勵。雖然思考的結果與詩的原意不合，那不是他的錯，因爲在他的日常生活中很難看到「面」的本意就是「臉」，更不知道「面」就是「臉面」的象形字，只知道「面」就是吃的「麵」食。這種錯亂古今的思考，就算是前文所述，爲「比干」神位寫簡介牌、爲乾隆複製那份聖旨的「大人」們，不也是如此嗎？何況這個僅僅十來歲的孩子？

像以上這幾種文字的錯亂使用與聯想，不僅表現在古今上，也時常出現在中外的現實生活上：

記得零六年拙作「從一篇『中國通』的中文翻譯看漢字未來的走向」發表不久，在一次旅遊中巧遇休士頓名人朱小姐，她向我說：「我對大作中建議『簡體字裡的同音借用字，應該早日各回原位，以免造成一般人誤認爲漢字是可以同音亂用。』的看法，非常贊成。」她並且說：「有一次我和朋友到餐館吃飯，菜單上凡是『豬肉』，居然完全寫成『朱肉』，我一氣之下站起來說：『我不吃啦！這菜是用我的肉做的，叫我怎麼吃？！』我們立刻離開那個餐館。」這也難怪她發火，她姓「朱」嘛！

另外有位很少回國的老華人，談起此類問題時他說：「我最近去北京遊北海，在『御膳房用餐。那裡的裝潢、擺設，可真有皇上用膳的氣派，連上菜的女服務員都穿著宮女服。因此北京的洗手間裡，到處寫著『便后沖水』，讓我覺得北京真不愧是首都，一切氣派，洗手間裡的女服務員也稱爲『便后』，真是風雅有趣。台灣不是也有什麼『檳榔西施』嗎？可是我並沒有看到過『便后』，不知道穿的是甚麼樣子的『后』裝？」他又說：「後來到別的地方旅遊，才知道那些洗手間裡的『后』字，是拉來作前後的『後』字用，並沒有什麼服務的『便后』。想起來真是好笑！」像這位老華人有如此趣味的聯想，是正常的。如果換成是日、韓或海外其他任何使用正體漢字的一般人，都會有如此聯想的，因爲「后」字幾百幾千年來，一向就是王「后」的專用字。

再者，簡體字中規定以「叶」代替樹葉的「葉」。「叶」是古「協」字，讀音亦如「協」。作詩押韻叫「叶韻」。此知「叶」「葉」二字，字義相差太遠，字音也不全同。因此國外的「葉」姓華人很少改姓「叶」，就算是國內的「葉」姓朋友，私人書寫姓名時，將姓改寫成「叶」的似乎也不多。他們總覺得「我們祖先世世代代都姓『葉』，不姓『叶』，而且『叶』也不是『葉』的草體或簡體字。」因而每當我看到簡體文章中，將當年新四軍軍長葉將軍稱爲「叶」將軍，總覺得怪怪的。

當然，讀者朋友看到本文，也許認爲筆者一定是反對漢字簡體化。其實不然，我曾一再的說，我不但不反對，而且非常贊成漢字簡體化。因爲這是漢、唐以來漢字大勢之所趨（註五）。然而像後與后、面與麵、斗與鬥、葉與叶、游與遊等等的字，與「字體簡化」本身無關聯，僅僅是拉某字代替某字而已。有人說這種以「后」代「後」、以「斗」代「鬥」一類的做法就像是「指鹿爲馬」，現在又以「後」代「后」、以「鬥」代「斗」，又變成「指馬爲鹿」了。這話似乎不無道理。幾千年來前後是前後、皇后是皇后，爭鬥是爭鬥、升斗是升斗，如今將他們位子互相對調，難道漢字就簡化、就改進啦?

總之，這些字幾百幾千年來，原本都是「約定俗成」、「妾身已定」各有所屬的，現在卻偏偏來個「亂點鴛鴦譜」。除了「添亂」，除了造成古今、中外語意含混之外，看不出在文字簡化、文字改進上有何實質意義在！因此筆者再次建議；此類「借用字」問題，宜由政府早日自行主導解決，早日令此類「借用字」「各回原位」。至於學者北京開會決定「製作五千多個常用標準字，將以繁體字爲主進行統一」問題，筆者更是樂觀其成。希望經此整頓之後，我漢字不僅在同屬漢字文化圈的海峽兩岸、日、韓等地穩妥運用，更可增強漢語、漢字在世界語文中的競爭能力。

附　註：

註一：拙作「從一篇『中國通』的中文翻譯看漢字未來的走向」於零六年八月十三日「美南週刊」發表。該文主要談論簡體字的「同音借用字」，它不僅會造成語意混淆，更會造成一般人或外國人誤以爲漢字是可以同音代用、同音亂用的。如此將爲漢字帶來大劫難。所以建議政府明令公佈「同音借用字」各回原位。

註二：事見【史記、殷本紀】

註三：清程大中「四書逸箋」引「孟子雜記」云：「王子干，封於比，故曰比干。」

註四：唐崔護的【題都城南莊】：「去年今日此門中，人面桃花相映紅。人面不知何處去，桃花依舊笑春風。」

註五：詳見零六年八月十三日「美南週刊」拙作。

〇八年六月六日於休士頓

見六一一期「美南週刊」

從語音變遷看「聲」「韻」在今天舊體詩作中的尷尬地位

——為紀念恩師屈萬里（翼鵬）先生而作

返台後的一個晚上，翻閱恩師屈萬里（翼鵬）先生當年對筆者的指導信函時，又閱讀了一遍先生民國六十七年五月因肺癌住院的最後遺作「病中雜咏」：讀到「——不如乘化聊歸去，何必區區羨老彭。」不禁悲慟不已；一則先生的道德學問令世人敬佩，先生樂天知命、豁達「無憂亦不懼」的精神，尤令筆者欽仰之餘，感到心痛。上天對一代大儒何以如此不公平！二則小序中的：「其平仄失調者，則曰從俗讀；韻腳不叶者，則曰用【中華新韻】。以此解嘲，誰曰不宜！」更令筆者爲學界、爲舊體詩寫作界悲。因爲從語音隨時代而變遷的角度看，所謂「從俗讀」即是用國音辨平仄、所謂「用【中華新韻】」即是用專爲配合國音而編訂的新韻書。正是我們這個時代寫作舊詩的正確選項，而以先生這樣一代學人，以此正確選項寫作，仍要瀟灑且無奈的說「——以此解嘲，誰曰不宜！」。真是大諷刺！

當然，我們從「——以此解嘲，誰曰不宜！」的語氣中，細加體會；可以了解到，當時國語雖然推行了六七十年，並且推行的非常有成效。【中華新韻】雖然也頒布了近四十年，然而舊詩作者，用此「正確選項」的人並不多。甚至不少人對此「正確選項」似乎仍不以爲然。因此，先生乃以溫柔敦厚的胸懷，自我解嘲的口氣，倡導時人用此「正確選項」。但是遺憾的很，時至今日用此「正確選項」的人仍然不多。奈何！至於何以說是「正確選項」？茲分三點略述於下：

壹、語音流變似江河

我國文字最大特色是一字一音，行文可有對稱、及音韻諧和之美。尤其是「韻」，它不僅增添了文章的韻律美，也忠實的顯示了語音流變的痕跡。因爲只要是韻文，前韻與後韻的字，應該是讀音相同或極爲近似的。我先秦典籍韻語特多，不僅歌謠古詩用韻、楚辭詩經用韻，就是像【老子】一類的散文式文字也多韻語。明陳第的【毛詩古音考】、【屈宋古音考】等，就是利用這種「韻」的特質，相互比對而考証出當時很多字的讀法，與今日有着明顯的不同。如「爲」古音「譌」、「久」古音「几」等等。陳第【毛詩古音考】說！「久音几。或曰孔子傳易方有糾音。」理由是「久」字以今音讀之有糾音，但久或從久的玖、疚等字，在詩經楚辭等古韻語中，從不與有糾音的「幽」部字韻。而與「之」部的以、李、止、子等字爲韻（註二）。因此「久」字在那個時代應該讀如几。總之，我們幾千年前的老祖先，對很多字的讀音與今日是不同的。再進一層看，從那個時代一直到今天，文字自「書同文」之後變化極微，而語音的流變卻像江河裏的水一樣，似乎從未停止過。這一點從歷代時時有不同的韻書出現，可以窺知一二；所謂韻書大致是將聲母、韻母、四聲或僅韻母、四聲相同的字分部分韻集合編在一起，供韻文作者選用的書。歷代重要的韻書如：隋陸法言等人合撰的【切韻】、唐孫愐據陸書而刊正的【唐韻】、宋陳彭年等再將陸書加以增廣的【廣韻】、丁度的【集韻】、平水人劉淵的【新刊禮部韻略】、元熊忠的【古今韻會】、陰時夫的【韻府群玉】、周德清的【中原音韻】、明宋濂等人的【洪武正韻】、清代李光地等人的【音韻闡微】、以及民國三十年教育部國語推行委員會編訂，由政府頒行全國的【中華新韻】。這些韻書當然有其承繼性，但它們的產生，主要由於時光荏苒，某些字在「音」上起了變化，音韻學者不得不一再加以修編，以適應時人的應用。至於我國語音何以如此再再流變？我們想除了時光流變而造成語音本身的自然流變之外，也許更因爲我們居住的這塊神州大地太過遼闊，部族、方音眾多。

自炎黃立國近五千年來，政局動盪更迭，造成一次又一次的部族大融合、大遷移；前有自西而東的西岐、西秦東漸；繼有漢、唐、一直到清末，甚至到近世由北而南從未停息的世族推移。字是同一個字，但讀音往往由於多種方音的激盪而有變異。如今日的台語，實際上是閩南語，更是河洛語。這顯示寶島的閩南語系同胞，是在若干年前的「古早」時代，由中原「河洛」一帶，逐漸推移至閩南再渡海來台的。因而閩南語中仍含有頗多的古音。如「陳」閩南語讀如「膽」，「膽」與「田」音近，是古音的殘留。據史料「陳」「田」兩姓原本一家，之所以分開，是因那個時代「陳」「田」二字音近的關係造成的（註二）。史記「田敬仲完世家」，實際寫的就是陳完。再如有些古韻文，用今日國音讀不合韻的，用閩南語讀，有時可能合韻，也是古音的殘留。當然，今日居住在寶島的閩南語系同胞，和現在居住在河洛一帶的同胞，都不可能完全保有「古早」時代的河洛語音的。其他如「客家」語、族的遷變與此亦頗類似。

總之，語音古今流變似江河。筆者有時想，如果將我們的民族始祖「炎」「黃」二帝從墳墓中請出來和我們對話，我們不一定能聽得懂的。

貳、淺談國音與【中華新韻】

一、國音與【中華新韻】的誕生；我國自秦一天下後「書同文」大致定案，但基於語音的流變，以及方音過多，在「語同音」或「字同音」方面，始終未竟全功。於是民國成立後，於民國二年教育部召開「讀音統一會」於當時的北京，審定了六千五百多個常用字的國音讀法，並且制定了注音符號三十九個。民國七年公布注音符號，用代反切。之後雖有所修訂，但大致已確立了推行國語，期使全國「語同音」「字同音」的大方向。民國二十一年四月，教育部國語統一會編成「國音常用字彙」，次月由教育部公布。一般稱「國音常用字彙」所定的國音爲「新國音」(稱民國二年「讀音統一會」審定的國音爲「老國音」)。至此，國音進入新的階段。民國二十四年八月，教育部將原設的「教育部國語統一籌備委員會」改組而成「教育部國語推行委員會」。所聘委員均爲一時之選，主任委員爲吳敬恆先生，名流學者如錢玄同、黎錦熙、汪怡、陳懋治、魏建功、蔡元培、趙元任、林語堂、顧頡剛、胡適、蕭家霖、篁淮等諸公均在委員之列。民國二十九年六月更增聘潘公展、何艾齡、李蒸、廖世承、張一、顧樹森、陳鶴琴、謝循初、錢雲階、盧前、傅斯年、朱自清、許地山等等多位爲委員。是年七月二十六日召開教育部國語推行委員會全體委員會議，討論編定民國時代，在全國推行國語情況下，可供全國人士遵循的當代韻書事宜。會中推黎錦熙、盧前、魏建功三委員準照國音，編訂民國韻書，定名爲【中華新韻】（註三）。一年，初稿編成，送委員會逐韻審查通過。由主任委員送當時的教育部長陳立夫先生審查公布。教育部爲了更加隆重，遂於民國三十年十月二日呈請行政院轉呈國民政府明令頒行，並由教育部將編訂經過公布，以便國人瞭解。國民政府爲昭典重，立即於民國三十年十月十日以國家元首名義，頒行天下，以資全國遵行。

總之，我國歷史悠久、地廣、人眾、方音繁多，推行「語同音」「字同音」的國音乃勢所必然。爲了配合國音，這部【中華新韻】，國家延攬了那麼多的學者專家，費事費時、盡心盡力，實在得來不易！

二、國音與【中華新韻】的時代內涵；國音基本上是「北平音系」，而且是現行的「北平音系」。在語音上，當然不但有別於全國各省各地的方音，同時由於語音流變的關係，與古音舊韻亦有其明顯的差異。茲僅就辨平仄與用韻兩點極其明顯的差異簡述於下：

在辨平仄方面：我漢字一字一音，古早就有一字可發幾個高低不同的讀音。這就是後來詩人所謂的平、上、去、入四聲（閩南語每一字更可發八音）（註四）。平聲又分陰平、陽平。

陰平、陽平皆謂之平，上、去、入皆謂之仄。秦、漢以前沒有人注意這個問題，所以那個時代的詩只講韻，不問平仄，後人稱此時、此類的詩為「古体詩」或「古詩」。自梁沈約之後平仄逐漸入詩，讀來確實增加不少聲調高低陰陽頓挫之美，久之乃形成唐朝格律嚴謹、盛況空前的「近体詩」時代。此後詩詞作者大致以平，上、去、入定平仄。而今日「北平音系」的國音一、二、三、四聲，實際上就是陰平、陽平、上聲、去聲的四聲，而沒有入聲讀法的字。這並不是說原來的入聲字全部消失掉啦，而是「北平音系」的字根本沒有入聲讀法。所有原來的入聲字，全部分別轉入陰平、陽平、上聲、去聲。轉入上聲、去聲的當然仍為仄聲字，而轉入陰平、陽平的，就變成了平聲字，而不再是原來的仄聲字（註五）。這說來說去還是語音流變所造成的讀音差異。其實國音中的很多字，因語音的流變而造成與過去的平仄易位。這也就是翼鵬師所謂「其平仄失調者，則曰從俗讀」的癥結所在。所謂「俗讀」，就是當時（民國六十七年）推行極為成功的國語讀法。

在韻的方面；有人曾說：「因為傳統的老韻書，依據的是古音，詩人自覺『合韻』的，現代人依標準國音讀起來卻覺得不合。」（註六）這話說的不錯。如唐韓翃的【寒食】：「春城無處不飛花，寒食東風御柳斜。日暮漢宮傳蠟燭，輕煙散入五侯家。」其中的「斜」與「家」。李商隱的「向晚意不適，驅車登古原。夕陽無限好，只是近黃昏。」中的「原」與「昏」，依標準國音讀起來韻已都不合。再如傳統老韻書中的「支」韻字，包括了「支、蛇、麾、台、怡、癡、——」等字，它們既是一韻，讀音原應相同或極爲近似，但是用現代標準國音讀起來，卻成了南腔北調。當然，也有些字舊詩韻原本不是一韻的，現代人依標準國音讀起來有的不但『合韻』，而且甚至讀音完全相同。如舊詩韻分「東、冬、江、支、微、——」。「東」、「冬」既然是兩個不同韻的「領隊」，在讀音上，古時必然不同，但依現代標準國音讀起來卻是完全相同。其實詞韻「東」「冬」早可通用（註七）。再者，在元周德清爲曲韻而寫的【中原音韻】裡，不但已將「東」「冬」收在同一韻部裡，而且「東」「冬」已成爲聲母、韻母、聲調完全相同的字了（註八）。然而有些詩人總是愛用老詩韻。而且還覺得不用老詩韻的，就是韻腳不叶。這也就是翼鵬師所謂「韻腳不叶者，則曰用【中華新韻】。以此解嘲，誰曰不宜！」的原因所在。

參、「聲」「韻」在今天舊詩寫作中的尷尬地位

最近筆者收到一位好友的詩集，用的全是以「平水韻」爲主的老詩韻，我們談到國音與

【中華新韻】時，他的看法是：「好是好，只是大家不習慣採用，大陸上的詩人朋友也都不用【中華新韻】。」當然，用老詩韻沒有甚麼不對，但是詩不是寫給古人，而是給現代人和後人讀的。今天國語已經推行了九十幾年，現代海內外華人之間的溝通，除了母語方言之外，國語是全體華人之間的最大公約數。因此，一位詩人不但詩寫的好，如果再能用國音四聲辨平仄、韻用【中華新韻】的話，吟誦起來將更順時人之口，當會受到更多更廣的華人歡迎。其不更好。再者，只要你說國語，作詩詞時不但用國音四聲辨平仄順口，不會出錯；就是韻用【中華新韻】也一樣會非常得心應手。因為【中華新韻】韻分十八，四聲同一韻目。分韻大致是以國音韻母分列，如一麻（ㄚ）、二波（ㄛ）、三歌（ㄜ）、四皆（ㄝ）等等，實際上就是國語注音符號的韻母ㄚ、ㄛ、ㄜ、ㄝ，詩人用韻時只要分清四聲、韻母是（ㄚ）是（ㄛ）同，運用起來幾乎不必查韻書，不用思考，大致在韻上也不會有甚麼差錯（詳細內容請參閱【中華新韻】）。

至於「大陸上的詩人朋友也都不用【中華新韻】」問題，以筆者管見，應該採用。不但大陸上的詩人朋友應該採用【中華新韻】，而且政府更可多加倡導。因素有三：

一、從「語同音」「字同音」，世界華人推行「國語」「國音」已久，而且成效卓著之現實看，用國音四聲辨平仄，韻用【中華新韻】是時勢之所趨。

二、不論今日華人對清代有何看法，但對當時集飽學之士所編修的【四庫全書】、【康熙字典】在學術上、文化上的貢獻和價值是華人一致肯定的。【中華新韻】雖爲民國初年「國民政府」所倡導編製，但這部【中華新韻】，卻是民初學者們的共同學術結精，似乎也值得華人一致肯定和珍惜的。

三、大陸政府如能倡導【中華新韻】，不僅學術界受益，也必然更能促進海內外華人的和諧和團結。

當然，也許有人覺得舊詩寫作已趨沒落，因而用國音四聲辨平仄、韻用【中華新韻】的問題，已經沒人特別注意，更不必過分強調。他們的理由也許是：第一、歷代名家詩作早已汗牛充棟。神州山川勝景、人間恩、愛、愁、情，早有名句傳世。連詩仙李白當年登武昌黃鶴樓，讀到崔顥黃鶴樓上的題詩尚且說：「眼前有景道不得，崔顥題詩在上頭。」更何況今日的我們，閱讀了千百年來那麼多的聖手名句，再面對神州山川美景時「眼前有景道不得」的心情，油然而生，勢屬必然。就算勉強動筆，也很難超越前人。第二、詩至唐而大盛，之後代之而起的是宋詞、元曲，民國以來語體散文詩興起，且蔚爲風氣，這是我國韻文的發展大勢。舊體詩作不可能再掀起太大的波瀾。當然，以上兩點確屬事實，但時至今日，舊詩詞仍然擁有廣大寫作愛好群。因此任何文體都是國人寫作的選項，也是今日華人的運勢。筆者近年來就拜讀到不少好友的舊體詩集。再者，今天炎黃子孫面對的天地也不僅僅是當年的「神州」山河而已，多的是「詩仙」、「詩聖」所未曾走訪過的大千世界，未曾接觸過的異國風情。生在現代的「詩仙」、「詩聖」們，仍大有一展「詩」才的空間。不是嗎？

總之，用國音四聲辨平仄，韻用【中華新韻】是時勢之所趨。也是翼鵬師對國人之期許。願我華人能欣然面對。

附註：

註一：本文只是一篇短文，不便詳述詩經楚辭有關「謌」「久」等字韻例。如讀者朋友有興趣，請參閱陳第【毛詩古音考】【屈宋古音考】等書，或拙著【老子韻】中的附篇二【從老子韻看老子成書之時代】。再者，古人用韻並無韻書可以遵循。只是自然押韻。這兒所謂的「幽」部、「之」部，只是後人研究古韻歸納出來的古韻分部而已。

註二：【通志氏族略】：「田氏即陳氏。陳厲公子完，字敬仲；陳宣公殺其太子禦寇，敬仲懼禍奔齊，遂匿其氏爲田。陳、田，聲近故也。」

註三：在此之前，民國十一年已有趙元任先生據民國九年教育部公布的「國音字典」裡的「老國音」，編成的【國音新詩韻】。民國二十二年張洵如先生編的「北平音系十三轍」。暨黎錦熙諸先生編的「佩文新韻」等韻書。

註四：依閩南語【彙音寶鑑】音法編音：每一字可發八音，第一音爲上平；第五音爲下平；其餘二、三、四、六、七、八等六音皆爲仄音。

註五：如【中華新韻】一麻（ㄚ）中的伐、發、搭、塌等等原來的入聲字，均轉入陰平。

註六：見民國六十二年十二月，國語日報再版【中華新韻】時，正文之前的「介紹【中華新韻】」。

註七：【晚翠軒詞韻】第一部平聲，一東二冬通用。

註八：【中原音韻】是元周德清爲北曲押韻而編的一本韻書。北曲的語音基礎，應是當時的「大都」，也就是今天的北平一帶，或華北中原一帶的共用語。所以在語音基礎上與今天的國語頗近。

見○七年四月十五日【美南週刊】

從「年」「臘」「祭」等漢字的創製意涵淺談我國傳統「年俗」

謝秀文

〇八年一月八日（春節前），筆者應老協午餐會梅麗小姐之邀，於餐會中報告我國「年俗」。講完不數日我即匆匆返台。現在又近新年，而且有朋友談及「年俗」內容問題，筆者今將當時講稿重點整理發表，以便與未及當場參與的讀者朋友們分享，並請指教。

釋「年」

「年」字據甲骨文和金文（請參閱附圖）看，是會意字，從禾、從人，象禾熟而人刈其下。一說人負禾而歸，因謂之「年」。本義作穀熟解。我中華民族發源於華北的黃河流域，這一帶的農作物大致一年一熟，所謂「春耕，夏長，秋收，冬藏。」正是「四時具而後爲年」（【穀梁・桓元年】)。也就是說，田裡穀物已經收割完畢，就表示一年已經過去，新的一年開始了。所以「一稔」就是一年。因此我們可以理解到，我漢字的「年」，實隱含簡單而古老的曆法，造義奧妙，極見先民造字的智慧。至漢許愼【說文解字】據「年」字的小篆形體，謂「年」從禾、千聲，乃爲形聲字。但許書仍解釋「年」爲「穀熟也」，本義大致未變。

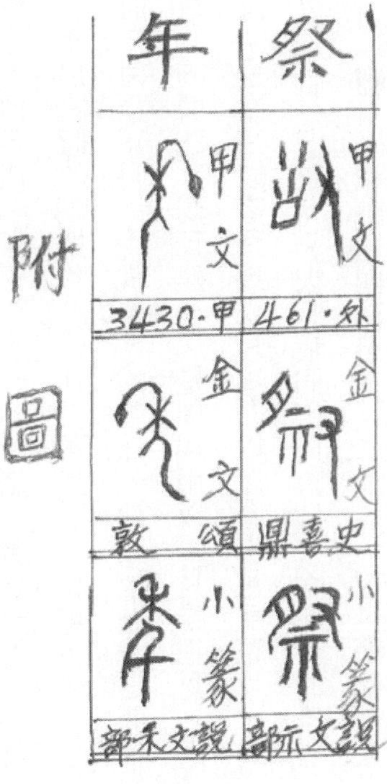

「臘」、「臘祭」、「臘月」

「臘」古原爲「蠟」(【禮記】:「伊耆氏始爲蠟」)，秦漢改爲「臘」。「臘」是歲終大祭（註一）。何謂「祭」？「祭」字是會意字（請參閱附圖），意思是手持肉（月）獻給神（示）。至於歲終大祭爲何叫「臘」祭？這一點在【禮記・月令】鄭注:「臘謂以田獵所得禽祭也」（註二）已有明確交代。由於歲終「臘」祭是用禽獸肉，所以「臘」字從「肉」（月）；又禽獸肉必自田獵得，所以「臘」字又從「獵」之去「犬」旁的另一半而得聲，且此「聲」亦兼「意」

（獵）。所以「臘」是形聲字。總之，「臘」祭是古代農業社會，秋收後獵禽獸，於年終舉行祭天地祖先，祈求來年風調雨順，農作物豐收的祭典。這種祭典既在年終十二月舉行，因而自秦代起就把農曆的十二月叫「臘月」。當然，「臘祭」所用的肉，醃製起來慢慢吃，就稱爲臘肉。久而久之如此醃製的肉，不論曾否用爲「臘祭」，也都叫做「臘肉」了。

再者，「臘」既然是秋收後的歲終大祭，依現行的農曆看，八月十五中秋節，中原一帶的秋收即告完成，到十二月舉行「臘」祭，中間經過三四個月，時間是不是長了一些？實際上在漢以前的古老中國，很多朝代，很多地區，自秋收到十二月「臘」祭，大多不會相隔三四個月之久的。爲了說明這一點，筆者在此不得不簡單的談談我國古代曆法的「曆正」問題。

我國從古至今在曆法上，雖大致用陰曆。但各代「曆正」不一。所謂「曆正」不一，就是曆法上的「正月」（即首月）是不同的。所以古時改朝換代，往往「頒正朔」。如夏正建寅；也就是說夏代用以寅月爲正月（即以夏曆一月爲正月——歲首）的曆法。商正建丑；是商代用以丑月爲正月（即以夏曆十二月爲正月）的曆法。周正建子；是周代用以子月爲正月（即以夏曆十一月爲正月）的曆法。秦正建亥；是秦用以亥月爲正月（即以夏曆十月爲正月）的曆法。自漢迄今全用夏曆（即今日以寅月爲首月的農曆）。因此我們可以瞭解，除現行的農曆（即夏曆），八月中秋收割完成，到十二月（臘月）相隔三四個月外，其他商、周、秦都不太久。尤其是秦以亥月爲正月，就是以現在農曆（夏曆）的十月爲正月，那麼他的十二月（臘月），就相當於現在農曆的九月。也就是說以現在農曆的八月（建亥曆的十一月）中秋收割完成，次月就是臘月，就舉行歲終大祭。這不是相隔很近嗎？再者，秦漢之前在曆法上，各代雖「頒正朔」，但在遵行上，各諸侯國始終是各行其是。如周朝時，秦未統一天下前，秦在其國內早已行「建亥曆」（註三）。夏、商雖已亡國，但其遺民往往仍行其舊曆。這也是【春秋】與三【傳】間，對於發生的同一件事，往往有記時不同的主要因素（註四）。總之，在秦漢之前的那個古早年代，各朝代，各地區，自秋收到歲終（十二月）「臘」祭，大多不會相隔太久的。

臘八、臘八粥

在秦漢時代，「臘」祭雖然都在十二月舉行，但日子並未固定（註五），到了六朝以後才把日子定在臘月初八日，就叫「臘八節」。「臘八節」這一天，人們有吃臘八粥的風俗。相傳至今，每到「臘八」，我華人朋友所想到的似乎只有吃臘八粥，至於年終祭天地祖先的大典，多半移到除夕大年夜舉行，而且祭典所用禽獸肉也多非田獵所得了。關於吃臘八粥這種風俗的起因，至少有以下四說：一說爲紀念佛祖釋迦牟尼於十二月八日徹悟成佛。所以也稱佛粥。

陸游有詩曰：「今朝佛粥更相餽，反覺江村節物新。」。二說是爲紀念岳飛。據傳說岳飛被奸臣秦檜陷害，宋高宗連下十二道金牌召岳飛回京。岳飛帶兵星夜趕路，沿途百姓聞訊，紛紛送來粥飯，岳軍混合煮而食之，這一天是臘月初八。岳飛遇害後，百姓爲紀念岳飛，每年臘八煮粥。三說疫鬼害怕赤豆，所以臘八日用赤豆粥驅疫鬼。四說是因明太祖朱元璋而起。傳說朱元璋幼年家貧，替人放牛，因過橋不慎傷牛，主人將朱元璋關入灶房，不給飯吃。他餓極了，到處找尋食物，後來找到一個老鼠洞，本想抓隻老鼠充飢，於是用鏟子將洞挖開，卻發現裡面藏有老鼠運來的米、豆、棗子等雜糧，乃混而熬粥充飢。也許是他太餓，覺得特別好吃。後來當了皇帝，一天想起此事，立刻令御膳房用雜糧、紅棗等混而熬粥，重溫舊夢。這天正是臘月初八日。朝臣見皇上愛吃此粥，也都如此煮來吃，乃漸成風俗。

祭灶、貼門神、貼春聯

祭灶：臘月二十三（四）日祭灶王爺（灶君）。習俗上祭品中一定要有灶糖。一則灶糖是甜的，希望灶王爺嘴巴吃的甜甜的，上天見了玉皇大帝多講人間好事。二則灶糖也是黏的，希望黏住灶王爺的嘴巴，讓祂不要講人間壞事。人類想的還真是周到！

貼門神：過年時兩扇大門各貼神像一張。古說是左神荼、右鬱壘。唐以後以唐朝的秦叔寶、胡敬德二將軍爲門神。家鄉當年多用木版加色套印。

貼春聯：除夕以紅紙書吉祥語爲對聯，貼於門和門框上。此風源自古時的「桃符」。「春聯」之名傳說起自明初。

過年至除夕進入高潮。除夕祭祖、全家團聚吃年夜飯、吃餃子（北方吃餃子，餃子代表元寶）、守歲（傳說中的「年」是一種怪獸，年夜會出來傷人，所以除夕全家團聚吃年夜飯，緊閉門戶整夜守歲不外出。）、開始拜年。至正月十五吃完元宵、放完煙火、鬧完花燈，年才算過完。十六各家接出嫁的女兒回娘家。不過，在台灣正月初二嫁出去的女兒就回娘家，不必等到正月十六。

總之，我國土地遼闊，各地「年俗」在細節上差異極大。以上所述，僅供鄉親們重溫當年「年俗」舊夢而已。

、**附註：**

註一：蔡邕【獨斷】謂：「臘者，歲終大祭。」

註二：【禮記・月令】鄭注：「臘謂以田獵所得禽祭也」。

註三：請參閱拙著【寒雁集】中的【秦曆探源】。

註四：請參閱拙著【春秋三傳考異】（文史哲出版社）。

註五：【玉燭寶典】謂：「漢以戌日爲臘，魏以辰，晉以丑。」

見〇七年四月十五日「美南週刊」

人生價值觀之重建

筆者退休後的這幾年，地球村裡到處走走，對所見所聞有所感悟時，就動筆寫寫，身心越來越愉悅健朗。但也時時爲社會上的種種現象所困惑。

人之異於禽獸者幾希

遠者不談，僅是近數月來，親手燙死、打死親生嬰兒者有之；細故故意殺人、放火以洩忿者有之；碩士、博士生謀殺女友、女碩士並將她毀屍、斬首者有之（註一）；擁高學歷言談舉止只論成敗不講是非者有之；貪污、詐騙、巧取豪奪者，更是處處可見，這些人或擁資財、擁豪奢而沾沾自喜，或一旦東窗事發而厚顏狡辯，在他們心中絕無仁義，絕無愧恥可言。人的作爲似乎越來越背「人道」，人的生命價值越來越空洞化，越來越被扭曲，價值觀越來越向物質傾斜，人生價值的高下似乎已與鈔票堆積的高低等量齊觀。總之，人類的形象不但越來越不像神（據基督教聖經言，神以自己的形象造人），甚至於連「人之異於禽獸者」的那一點點，似乎也越來越模糊，越來越不像孟子所謂「仁也者，人也。」(註二)的「人」。如今的世道實在令人沮喪。可是近日在媒體上也見到幾件令人振奮的新聞，因此更讓我百感交集，不能不提筆寫這篇小文。

幾件展現人性光輝的新聞

一、是三四月間，當我在台灣電視新聞上看到一位護士小姐，一面爲一位被她親生父親丟進熱水鍋裡燙成重傷，生命垂危的女嬰換藥，一面流淚，而這位護士實質上與女嬰之間除了同是「人」之外，其他沒有任何關係。我的心立刻爲這幅人性「善良」與「邪惡」激烈衝突的畫面所震撼。二、是四月一日聯合報首頁大幅報導：「已故老榮民李希文生前親自將畢生積蓄八百萬元捐給台南市瀛海中學與台南高商，兩校爲了感念他的善行，分別設置紀念碑與步道。馬英九總統昨天到瀛海中學，爲李希文紀念碑揭碑，並贈『仁風化雨』匾額一方褒揚李希文。」真是偉大的老榮民李希文！他的偉大不在那區區的八百萬元！而在於這些錢是他畢生省吃減用的積蓄，他不把這些錢用在自己晚年生活享受上，卻爲了教育後輩，生前親自捐給兩校設置獎學金。他並且說：「我不會嫉妒人家，別人開好車，我騎腳踏車；我的生活很簡單，不看重錢，但教育非常重要，才會把錢都捐給學校。」偉大！真是偉大！三、是四月八日索國外海海盜劫持「快桅阿拉巴馬號」時，美籍船長菲利普斯自願當人質，讓十九位船員和船脫困。但是，這位冒犧牲生命以拯救同儕的「英雄」船長，當他被美國軍艦惡夜擊斃索三海盜救出後，打電話向快桅海運總裁報平安時卻說：「我只是名義上的英雄，真正的英雄是海軍、海豹突擊隊，是那些救我出來的人。」真是偉大的菲利普斯船長！他應該是英雄中的英雄！看到了這些展現人性光輝的新聞，讓我於失望之餘，似乎看到了人類並未完全絕望的未來！更從以上新聞主角們的愛心、義行與言辭中，給了筆者兩點明確的啓示：一是「人之異於禽獸者」的那一點點，並未自人間完全蒸發，「善心、愛心、仁義心」仍然存在於中外人類之間，只是在比例上越來越少而已。二是從偉大的老榮民李希文的一句「教育非常重要」，啓發了我，「教育」是解決目前問題的正確方向。所謂「人之初，性本善。性相近，習相遠。」的「習」就是「教育」。對孩子而言，自出生至長大成人，周邊影響他身心的所有事事物物，不論是正面的、負面的，對他來說都是「習」，都是「教育」。因此，在「教育」上我們將如何選擇、設計、實施，如何開展，方能發揚善性、方能普遍的讓世人找回屬於「人」的人生價值觀？並進而展現中西文化交會後所放射出的新光芒。是我們不容推卸的責任。

「教育」的再修正

我們細加檢討，我們近百年來，爲了適應人類生活形態由農業而工業的巨變、爲了適應中西文化交會的衝擊；在教育方面，從當年以孔子的「禮、樂、射、御、書、數」暨之後的「經、史、子、集、詩、詞、歌、賦」爲主要內涵；以「灑、掃、應、對、進、退」爲起點；以「完人」爲終極目標的總體教育，逐漸被修訂、被分割成專而再專的頂尖專業人才教育制度。很多科系的學生，從小學、中學、直到大學的碩、博士，很難與「人文」素養的所謂「經典」課程沾上邊。有人把從事這分而再分的尖端研究碩、博士，戲稱之曰「專士」或「窄士」，雖是玩笑話，但也與實情頗合。因而科技的進展日新月異，人類的物質生活逐漸提昇再提昇。如此雖然彌補了我華夏近代科學的落後，但是相對的也造成了人對「人文哲學」素養的逐漸流失、逐漸遺忘，對物欲的追逐永無止境。時至今日，學位、地位的高低很少能與人文素養的高低成正比。因此，今天的教育方向和內涵，似乎應該再修正，應該向如何培養學子人人有文信國公所謂「讀聖賢書，所學何事？」的胸懷；如何培養學子人人自認爲既然是一個高級知識份子，是一個政治人物，就應該是一個「富貴不能淫，貧賤不能移，威武不能屈」的大丈夫；應該是一個「先天下之憂而憂，後天下之樂而樂」的范文正的方向修正。可喜的是，台灣的元智大學似乎早就洞察到這一層，而且已經著手去做。據三月十九日聯合報報導：「元智大學本以工學院起家，近來特別強調科技與人文結合，致力培養學生人文素養，創設『經典五十』課程，規定大一新生選讀『曾文正公家書』等中外名著，績優者還可免學雜費。國內首見。」再者，大陸也有南懷瑾先生主講的「太湖大學堂國學經典導讀講習班」，該班自二〇〇八年十二月六日在上海開講以來，在學員中收到很好的反應。因此，海峽兩岸既然均已有了大學研讀「經典」名著的先行者，筆者在此也就懇切的建議海峽兩岸的教育主管者，宜盡快籌設「大學經典課程」研究設計小組。當然，所謂「經典課程」並不是只限於我國的「四書五經」，此點可以借鑒元智大學的「經典五十」，只要對於培養學生人文素養有助益者，如「曾文正公家書」等中外名著概可包含。當「經典」課程既經選定，然後於大學暨碩、博士班各年級學生，依其時間、需求作適當研讀份量之調配。至於中、小學階段的學生，宜以古典詩、詞爲主，「經典」文章（如文天祥的【正氣歌】等）爲附，作適量的選讀。關於這一點，雖然台灣中、小學課本中，早已有古典詩文的選入；大陸中、小學課本中古典詩文選入的份量較前亦極見增長，但兩岸均仍待研究加強。再者，希望該研究設計小組搜集古今中外仁義之士，其行堪爲人類楷模者；如老榮民李希文、「快桅阿拉巴馬號」船長菲利普斯等人的嘉言義行，直接選入課本，或編輯成冊以供學生參閱。至於散布地球村各處的華文學校，暨尙未入學的六歲以下兒童，亦可由師長、家長精選適量的簡短古典詩、文，教其背誦。幼兒記憶力強，一經背誦，往往終生難忘。寫到這兒，筆者不禁想起七十多年前，當我五、六歲時，家父晚間常常在一盞小油燈下（當時鄉村無電燈）不用書本，也不寫字，只是口對口（家父讀一句，我學讀一句）的教我背了一些詩文，其中「治家格言」一文，在我後來「少小離家」浪跡天涯的六十多年間，一直是我如影隨形的人生指導。再者，預期中國將會崛起的成功投資家羅傑斯先生，最近與家人住新加坡，特別將五歲女兒送中文學校，四月間我在台灣電視新聞上，看到坐在羅傑斯先生腿上的五歲女兒，居然字正腔圓的背了一首唐詩：「清明時節雨紛紛，路上行人欲斷魂；借問酒家何處有，牧童遙指杏花村。」（杜牧的【清明】）令我既感動又欣慰！因爲此事讓我領悟到，身兼中西文化的新地球村民已經形成！

總之，經過如此的「教育」再修正之後，讓青少年學子們有機會進入中外先聖先賢治學的人文結晶領域。這些先聖先賢的治學結晶，實際上也就是先聖先賢行與言的典範；從這裡不僅讓學子們學習到先聖先賢的學問，更讓他們接觸到先聖先賢的德操；使他們不僅學習到了文事，更讓他們領悟到，一個讀書人所特有的偉大精神與氣質；感受到他們是時時上友古人，是時時與我古今聖哲融爲一體的；不論他是學物理的、學化學的，都會覺得自己應該有傳統讀書人那「安貧樂道」的瀟灑情懷，和那股「生死事小，名節事大」的浩氣。久之，屬於「人」的正確生命價值觀，應該會逐漸重建於人們心中的。

這只是一篇原則性建議的小文，至於如何做得好，那將是「經典課程研究設計小組」的大工程。

附註：

註一：台灣女碩士生殺女友毀屍。該犯已爲此付出十餘年牢獄之災。前些時出獄。後悔莫及。

又據六月一日【美南新聞】報導：弗大博士生涉嫌於年初謀殺女碩士案朱××被以一級謀殺罪起訴。

註二：【孟子盡心篇】孟子曰：「仁也者，人也。」

見〇九年六月二十八日六六一期【美南週刊】

謝秀文著作年表

*民國五十九年　西元一九七〇年
「中國文字之創造及演變」　專書於鳳山出版
*民國六十五年　西元一九七六年
「老子韻」　專書於鳳山黃埔出版社出版
*民國七十三年　西元一九八四年
「春秋三傳考異」　專書於台北文史哲出版社出版（文史哲學集成一〇四）
*民國九十三年　西元二〇〇四年
「寒雁集」　專書於高雄昶景文化事業有限公司出版
*民國四十一年　西元一九五二年
「白雲的癡戀」　發表於澎湖建國日報十一月二十日（筆名雁）
「一葉舟」　發表於澎湖建國日報十二月九日（筆名雁）
「恨」　發表於澎湖建國日報十二月十八日（筆名寒雁）

「童年」　發表於澎湖建國日報十二月二十三日（筆名寒雁）

*民國四十二年　元一九五三年

「草」　發表於澎湖建國日報一月二十九日（筆名寒雁）

「夢」　發表於澎湖建國日報二月二十六日（筆名寒雁）

*民國四十七年　西元一九五八年

「花朵女人」　發表於新生報副刊十二月十八日

「夜半歌聲」　發表於新生報副刊十二月二十六日（筆名謝斌）

「什麼最可怕」　發表於民聲報十二月二十六日

「三圍」（相聲）　發表於青年戰士報副刊十二月二十六日（筆名謝斌）

*民國四十八年　西元一九五九年

「早開的白蓮」　發表於新生報副刊一月十二日（筆名謝斌）

*民國四十二年　西元一九五三年

「海戀」　發表於中國一週四五六期一月十九日

*民國六十二年　西元一九七三年

「相親」　發表於台北青溪七十二期（筆名謝斌）

「陌生人」　發表於台北青溪七十五期（筆名謝斌）

＊民國六十三年　西元一九七四年

「論語『宰予晝寢』之商榷」　發表於台北孔孟月刊第十二卷五期

＊民國六十四年　西元一九七五年

「從老子韻推證老子成書之時代」　發表於台北建設雜誌第二十四卷五第二期

＊民國六十五年　西元一九七六年

「左傳『隱公立而奉之』釋義」　發表於台北建設雜誌第二十四卷五第九期

「老子韻」（附老子韻例）　發表於鳳山黃埔學報第九輯

「談談管仲與三歸」　發表於台北國語日報語文周刊第一四二二期

「閒話魯南方音」（附老子韻例）　發表於台北山東文獻二卷三期

＊民國六十六年　西元一九七七年

「『辨志』譯註，張爾歧其人其事」　發表於台北國語日報古今文選新第三九五期

「春秋『惠公仲子』正名」　發表於台北建設雜誌第二十五卷第十一期

「紀念　國父誕辰暨慶祝文化復興節應有的體認」　陸軍官校十一月十二日紀念　國父誕辰暨慶祝文化復興節專題演講

＊民國六十七年　西元一九七八年

「幸運的孩子」　發表於鳳山博愛雜誌一卷一期

「我們的根」　發表於鳳山博愛雜誌一卷四期

「強人頌」　發表於慶祝蘇雪林教授寫作五十年暨八秩華誕專輯

＊民國六十八年　西元一九七九年

「三傳『君士』『尹士』之爭與春秋大義」　發表於台北孔孟月刊七七卷七期

「偷得浮生幾日閒」　發表於鳳山博愛雜誌二卷四期、二卷五期

「南瀛遊縱」　發表於鳳山博愛雜誌二卷六期

「我們紀念　蔣公誕辰應有的認識」　陸軍官校紀念　蔣公誕辰大會專題演講

＊民國六十九年　西元一九七零年

「秦正建亥不自秦一六國始」　發表於台北中華文化復興月刊十三卷三期

「春秋杞紀錯訛之商榷」　發表於台北孔孟學報第三十九期

「我們應如何紀念　國父誕辰暨文化復興節」　陸軍官校紀念大會專題演講

＊民國七十一年　西元一九八二年

「秦曆探源」　發表於台北中華文化復興月刊十五卷四期

「春秋異文探源」　發表於台北孔孟學報第四十四期

＊民國七十三年　西元一九八四年

「從春秋左傳記時差異看二者之關係」　發表於台北中華文化復興月刊十七卷八期

「左傳曼伯檀伯釋疑」　發表於台北孔孟月刊第二十三卷一期

「春秋左傳記時差異探源」上　發表於鳳山黃埔學報第十六輯

＊民國七十四年　西元一九八五年

「春秋左傳記時差異探源」下　發表於鳳山黃埔學報第十七輯

＊民國七十五年　西元一九八六年

「春秋左傳成公五年記時倒錯考釋」　發表於台北文史哲出版之慶祝無錫施之勉先生九秩晉五誕辰論文集

＊民國七十七年　西元一九八八年

「春秋名稱緣起說」　發表於台北文史哲出版之尉素秋教授八秩榮慶論文集

「念哉斯意厚——志清樓落成」　發表於鳳山黃埔週報第二〇〇九期

「課堂外的幾句話」　發表於鳳山黃埔月刊四三四期

＊民國七十八年　西元一九八九年

「永恆的追思——和熙如春風光明如日月」陸軍官校紀念經國先生逝世週年大會專題演講

*民國七十九年　西元一九九零年

「曾爲惠先生著【老子中庸思想】序」

*民國八十四年　西元一九九五年

「三傳經文何者最近古本考」發表於鳳山黃埔學報第二十九輯

*民國八十五年　西元一九九六年

「一幅難忘的畫」發表於鳳山【張西村工筆花鳥畫冊】

*民國八十六年　西元一九九七年

「春秋左氏傳成書考辨」發表於鳳山黃埔學報第三十三輯

「人文精神之培養與實踐」三月十一日曉陽商工公民訓練大會專題演講

*民國八十七年　西元一九九八年

「林麗娟女士著【吾心自有光明月—王陽明詩探訪】序」

*民國八十八年　西元一九九九年

「一棵小草的獻禮」發表於台北山東文獻第二十五卷一期

＊民國九十一年　西元二零零二年

「棄智－老子的儆世哲理」　發表於台北中央日報五月十六日副刊心靈有約版

「論司馬遷的忿怒」　發表於鳳山博愛雜誌二十五卷三期

＊民國九十二年　西元二〇〇三年

「無賴帝王與悲劇英雄」　發表於休士頓美南週刊三五二期（七月二十七日）

「我們的根」　增修後轉載於休士頓美南週刊三五三期（八月三日）

「古早站台人－姜太公」　發表於休士頓美南週刊三五五期（八月十七日）

「過客」　發表於休士頓美南週刊三七一期（十二月七日）

＊民國九十三年　西元二〇〇四年

「顧柔利女士【賦之新變——北宋文賦研究】序」